守護霊インタビュー

大江健三郎に「脱原発」の核心を問う

Ryuho Okawa
大川隆法

まえがき

この世の地位や名誉、名声がいかに虚《むな》しいものか。本書を読むと歴史的に宗教家が言ってきたことが正しいと判《わか》るだろう。

ノーベル文学賞受賞者の本当の姿が、「日本再占領推進委員会」の「会長」とは。

今、韓国との「竹島問題」、中国との「尖閣諸島問題」で、国家の主権と外交の基軸が激しく揺さぶられている。日本国中の原発を止めて、尖閣諸島、台湾、沖縄と中国に占領されたら、日本のシーレーンは護《まも》れなくなり、原油は入らなくなり、火力発電すら困難になる。大江氏をはじめ、原発反対デモ推進派の人々は、ローソクで一カ月ぐらい生活をして、もう一度、自分たちの幸福が何によって護られているのか、深く考えてみたほうがよかろう。無明《むみょう》の中にある人々を、さらに無明《むみょう》の底に突き落としてはならない。

二〇一二年　八月二十八日

幸福《こうふく》の科学《かがく》グループ創始者兼総裁《そうししゃけんそうさい》　大川隆法《おおかわりゅうほう》

大江健三郎に「脱原発」の核心を問う　目次

大江健三郎《おおえけんざぶろう》に「脱《だつ》原発」の核心《かくしん》を問う
――守護霊《しゅごれい》インタビュー――

二〇一二年八月二十三日　大江健三郎守護霊の霊示
東京都・幸福の科学　教祖殿《きょうそでん》・大悟館《たいごかん》にて

「霊言現象《れいげんげんしょう》」とは、あの世の霊存在の言葉を語り下ろす現象のことをいう。これは高度な悟《さと》りを開いた者に特有のものであり、「霊媒現象《れいばいげんしょう》」（トランス状態になって意識を失い、霊が一方的にしゃべる現象）とは異なる。

また、人間の魂《たましい》は原則として六人のグループからなり、あの世に残っている「魂の兄弟」の一人が守護霊《しゅごれい》を務めている。つまり、守護霊は、実は自分自身の魂の一部である。したがって、「守護霊の霊言」とは、いわば本人の潜在《せんざい》意識にアクセスしたものであり、その内容は、その人が潜在意識で考えていること（本心）と考えてよい。

なお、「霊言」は、あくまでも霊人の意見であり、幸福の科学グループとしての見解と矛盾《むじゅん》する内容を含《ふく》む場合がある点、付記しておきたい。

大江《おおえ》健三郎《けんざぶろう》に「脱《だつ》原発」の核心《かくしん》を問う

――守護霊《しゅごれい》インタビュー――

二〇一二年八月二十三日　大江健三郎守護霊の霊示
東京都・幸福の科学教祖殿《きょうそでん》　大悟館《たいごかん》にて

大江健三郎《おおえけんざぶろう》（一九三五〜）
日本の小説家、評論家。愛媛《えひめ》県生まれ。東京大学文学部フランス文学科卒。東大在学中に「飼育」で芥川《あくたがわ》賞を受賞。以後、数々の文学賞を受賞し、一九九四年には日本人として二人目のノーベル文学賞を受賞した。主な作品として、『個人的な体験』『万延元年《まんえんがんねん》のフットボール』『洪水《こうずい》はわが魂《たましい》に及《およ》び』『同時代ゲーム』『燃えあがる緑の木』などがある。

質問者　※質問順
酒井太守《さかいたいしゅ》（幸福の科学宗務《しゅうむ》本部担当理事長特別補佐《ほさ》）
武田亮《たけだりょう》（幸福の科学副理事長 兼《けん》 宗務本部長）
石川雅士《いしかわまさし》（幸福の科学宗務本部第一秘書局長代理）
［役職は収録時点のもの］

1　脱《だつ》原発運動の「正体」に迫《せま》りたい

脱《だつ》原発運動の〝大将〟は大江健三郎氏

大川隆法　今日《きょう》は収録開始が少し遅《おそ》くなりました。「午後に何かを収録しよう」と思いながら、主題を決めかねていたのです。

外交問題に関する本はかなりつくったので、「ある程度、論点を押《お》さえた」と思っていたのですが、「もう一つ、重要なものが足りなかったのではないか」と思いつきました。

今、「脱《だつ》原発」「反原発」の運動が、かなり大きなうねりをつくっており、新聞やテレビは、それを熱心に伝えています。

私は、原発について、すでに意見を述べてあるため、もう仕事が終わったつもりでいたのですが、現実には、そういう運動が報道されており、「これが政局に大きな影《えい》響《きょう》を与《あた》え、また、その後《ご》の日本の政治にも大きな影響を与えるのではないか」と考えるに至りました。

昨日《きのう》も、夜のニュースを見ていると、この脱原発運動が報じられました。

この運動をしている人たちは、首相官邸《かんてい》の近くにテントを張り、そこを拠点《きょてん》にして、今年の三月ごろから活動しています。五月には公称《こうしょう》二十万人のデモを行いました。

なぜか、彼らのデモは、新聞にもテレビにもよく出ます。幸福実現党のデモは、雨のなかや雪のなかで行っても、全然、報道してもらえず、一分も一秒も報道されないのですが、彼らのデモはよく報道されるので、マスコミ的にはニュース価値があるように見えるのだろうと思います。

彼らは、「首相に会わせろ」というような感じで動いていましたが、昨日、運動のリーダーたちが首相官邸で野田総理に会い、短い時間ですが、会談を行いました。彼らは、「自然発生的に起きた運動のリーダーたち」ということになっていますが、確かに、そういう顔つきの人が多かったので、そう見せているように感じました。

ただ、話し合っても、折り合いはつきませんでした。首相のほうは、「原発に関して、まだ決めかねているので、検討はする」というような言い方をし、運動のリーダーたちは、「すぐに原発をやめろ」と主張していましたが、こういう会談自体が非常に異例ではあります。

なお、大きなデモの際には、リーダーとして、ノーベル文学賞を受賞した大江健三郎氏が担《かつ》ぎ出されています。かたちの上では、この人が運動の〝大将〟になっているのではないかと思われます。

そこで、大江氏の守護霊に訊《き》くことで、「この脱原発運動の正体、本心、核心《かくしん》に迫《せま》るべきではないか」と考えた次第《しだい》です。

ノーベル文学賞は受け取り、文化勲章《くんしょう》は辞退した大江氏

大川隆法　大江健三郎という人は、私より二十一歳《さい》ぐらい年上で、東大仏文《ふつぶん》科卒です。
東大在学中に「奇妙《きみょう》な仕事」という小説で東大五月祭賞を受け、そのあと、「死者の

奢《おご》り」で作家として認められます。その翌年《よくねん》、昭和三十三年（一九五八年）、「飼育」で芥川賞《あくたがわ》を受賞し、大いに注目されました。

彼の世代より少し上の作家等は、「在学中にデビューした、すごいのがいる」と、彼の登場に衝撃《しょうげき》を受けたようです。私の東大在学中にも、まだ、その余韻《よいん》は少し残っていました。

私は彼の在学中の作品を読みましたが、確かに、学生のころに書いた文章としては、うまいと感じるものの、「やや非現実的な設定で書いているな」と思いました。

私同様、この人も四国出身で、愛媛《えひめ》のほうの人だったと思いますが、彼の作品には、そのあたりが舞台《ぶたい》となった話がよく出てきます。ただ、登場人物たちが山中を移動するのに、ものすごい日数がかかるなど、非現実的な話がたくさん出てくるのです。そういうことが気にはなりました。

また、彼は、『万延元年《まんえんがんねん》のフットボール』や『洪水《こうずい》はわが魂《たましい》に及《およ》び』など、いろいろと書いていますが、文章が、難渋《なんじゅう》というか、難解で分かりにくく、主張も明快ではないので、はっきり言えば、「なぜ評価されるのか、私にはよく分からない」と感じていました。

英語等に翻訳《ほんやく》もされていると思いますが、「こんなものを翻訳しても、外国人に内容が理解できるのだろうか。日本語で読んでも、何が言いたいのか分からない文章を書く人の作品を英語に訳して、外国人に分かるのだろうか」と思いました。

もっとも、フランス文学などには、日本語訳を読んでも、何を書いてあるか分からない作品がたくさんあるので、そういうものが意外に流行《はや》るのかもしれません。

彼の小説には意味不明のものが多いように感じました。

そういった私の感想とは別に、彼は、各種の文学賞を総なめにしており、芥川賞、谷崎潤一郎《たにざきじゅんいちろう》賞、野間《のま》文芸賞、川端康成《かわばたやすなり》文学賞など、数多く取っています。

しかも、川端康成に続き、日本人として二人目となるノーベル文学賞を受賞しました。これは画期的なことではありました。

ただ、ノーベル賞受賞者は、それ以前に日本の文化勲章《くんしょう》をもらっていることも多いのに、大江氏はまだ文化勲章をもらっていなかったため、政府が慌《あわ》てて出そうとしたところ、彼は、ノーベル賞は受け取ったのに、文化勲章は辞退したのです。

これに対して、「外国の賞はいいが、日本の賞は嫌《いや》なのか」と思い、カチンと来た人はかなりいたようです。私もその一人です。日本をなめているというか、日本を低く見ている感じが伝わってきました。

今は大江健三郎賞も創設されているとのことです。

『大江健三郎全作品』や、小説の自選全集である『大江健三郎小説』は、「有名な」新潮社《しんちょう》から刊行されています。また、彼の作品は岩波書店からも出されています。

いろいろな賞を得て、文壇《ぶんだん》で有名ではありますし、年齢《ねんれい》的には、石原慎太郎《いしはらしんたろう》氏より、二、三歳下かと思います。

彼の作品は非常に自己中心的で、ファンにはなれなかった

大川隆法　大江氏には才能はあっただろうと思うのですが、私は、この人の本を何冊か読んで、あまり読む気がしなくなり、ファンにはなれませんでした。

作品が非常に自己中心的で、自分の利害にとらわれており、責任を外に押しつけるような感覚、すなわち、「周りのせいで、こういう、つらい目に遭《あ》う」というような感覚が非常に強いのです。外部に責任を求めて、「自分は悪くない」という姿勢のものが多いわけです。

大江氏は障害のあるお子さんをお持ちなので、同情に値《あたい》する部分も、あることはあるのですが、その子を登場させた小説をよく書いていました。それは私小説的な作品かもしれませんが、そういうものを、あまりにも拡大し、敷衍《ふえん》しすぎており、しかも、それを周りの制度や仕組みなどのせいにしていくような感覚が見られたのです。

若いうちなら、それも分からないことはないのですが、「ある程度の大家《たいか》になってくると、そういうものだけで作品を書いてはならない面があるのではないか」という印象を私は受けました。

そのため、この人の小説には読めない感じがあり、作品を他《た》の人に勧《すす》めたことはありません。

ただ、文壇、文学界のほうでは、それなりの評価をされていて、大御所《おおごしょ》になっているのかもしれません。

私は、以前、「この人には北朝鮮《きたちょうせん》を礼賛《らいさん》した文章もあるのだが、それは英語に翻訳されていないため、ノーベル文学賞をもらえたようだ」と述べたこともあります（『中国「秘密軍事基地」の遠隔透視』〔幸福の科学出版刊〕参照）。外国人には日本語が読めないので、そういう事情もあったようです。

脱《だつ》原発運動には中国系統から支配の手が伸《の》びている

大川隆法　この運動の活動家たちは、数万人、ときには公称で二十万人ぐらいの大きなデモを行い、首相をはじめとする政府に迫りつつ、日本を「反原発」「脱《だつ》原発」の方向に持っていこうとしています。

しかも、彼らは、この運動を「アラブの春」と同じようなものに見せようとしているのです。

アフリカ北部では、ブログなどインターネット系統を利用した自然発生的なデモ等によって、政府を倒《たお》していく運動がたくさん起きましたが、こうした動きは「アラブの春」と称されています。

そういう、独裁者や強圧的な政府を倒したりする、自然発生的な運動に見せかけるようなかたちで、この脱原発運動は展開されているのです。

今年の六月ごろには、この運動をマスコミが「あじさい革命」と呼んだりしました。そして、原発に反対している人たちは、政府に対し、「経済界の利益のために原発を動かそうとしているのだろう」というようなかたちで迫っています。

ただ、脱原発は結構なのですが、現実問題としては、化石燃料による火力発電の比重が高まり、燃料代の高騰《こうとう》によって、電気料金が値上げされ、一般《いっぱん》人は困っています。

また、今年の夏も暑いため、何万人もの人が熱中症《ねっちゅうしょう》で病院に運び込《こ》まれ、大勢の人が亡《な》くなっています。お年寄りは律儀《りちぎ》なので、「節電」と言われたら、本当に冷房《れいぼう》を止《と》めてしまい、熱中症で死んでしまうケースも数多く出てきています。

「原発」では人が死んでいないのに、「節電」で大勢の人が死んでいるのです。

熱中症は何万件も発生しています。もし、被曝《ひばく》して何万人もが病院に担ぎ込まれたら、大変な事件になったと思いますが、そちらではなく、単に暑さのせいで担ぎ込まれた人が、それだけの数いるのです。

この脱原発運動は単純な運動のようにも見えますが、その奥《おく》は深いような気がします。私たちの予想が間違《まちが》っていなければ、背景には、やはり、中国系統から支配の手が伸《の》びていると推定されます。諜報員《ちょうほういん》的な者を動かしたり、資金援助《えんじょ》をしたりしているのではないかと推定されるのです。

ところが、日本のマスコミには、この運動を応援する傾向《けいこう》がかなりあります。

そのため、政府は押し切られて、二〇三〇年ぐらいには、原発をゼロにするか、十五パーセントにするか、二十五パーセントから三十パーセントにするか、いろいろと検討したりしているようですが、それに対して、経済界からは「非現実的だ」という意見がそうとう強く出ています。

これは「物事の大小が分からない例」の一つでもあるでしょう。

原発に反対している人たちは、おそらく、ついこの前までは、「CO_2（二酸化炭素《にさんかたんそ》）」に反対していた人たちなのではないかと思います。環境左翼《かんきょうさよく》としてCO_2に反対し、「化石燃料反対」を訴《うった》えていたはずなのですが、原発で事故が起きると、今度は「原発反対」になり、「CO_2をたくさん出せ！」と言っているようなので、定見《ていけん》があるとは思えません。「とにかく反対」なのではないでしょうか。

幸福実現党は、野田政権に対して、「是々非々《ぜぜひひ》」の態度で臨《のぞ》んでおり、「よい」と思うことについては賛成し、「問題がある」と思うことについては反対します。決して、「特定の団体や組織の利害と必ずリンクする」というかたちではありません。テーマごとに、「この国にとって、大事か、大事でないか」ということで判断しているのです。

大江健三郎氏の守護霊を招霊《しょうれい》する

大川隆法　今日は、守護霊インタビューを行おうと思ってはいるものの、はたして、守護霊が出てくるかどうか、一定の疑問があります。これから大江氏の守護霊を呼びますが、もしかすると、この人を指導している霊が出てくるかもしれません。

脱原発運動の活動家たちが考えているように、「正義の神」「平和の神」が付いているかもしれませんが、場合によっては、反対に、日本の衰退《すいたい》を目指している「貧乏《びんぼう》神《がみ》」や「疫病神《やくびょうがみ》」、あるいは「悪魔《あくま》」が憑《つ》いている可能性もあります。

後者ががっちりと憑いて指導している場合には、守護霊を呼んでも、憑いている者のほうが出てくる可能性があるので、今日は質問者のなかに〝悪魔専門〟の人もいるようです。原子力に関する専門的な話にならず、そちらのほうの話になる場合もあると思います。

「前置き」が長くなりましたが、大江氏の守護霊ではない者が出てくる可能性は、確率的には、かなりあります。大江氏を別の者が支配していないとは言えないので、あらかじめ申し上げておきます。

当会の霊言《れいげん》収録において守護霊を呼ぶときには、通常、パッと呼べるのですが、これだけの運動の中心人物の場合、守護霊以外の何かが憑いていたら、それは絶対に出てくるはずです。その場合には、ディベート（討論）になるでしょう。

まあ、〝新潮の悪魔〟が出てきたりはしないと思います（笑）（『「週刊新潮」に巣くう悪魔の研究』〔幸福の科学出版刊〕参照）。

（質問者たちに）よろしくお願いします。

（合掌《がっしょう》し、瞑目《めいもく》する）

それでは、ノーベル文学賞受賞者にして、現在、脱原発運動のリーダーをなさっている、大江健三郎さんの守護霊をお呼びしたいと思います。

ノーベル文学賞を受賞され、現在、脱原発運動をなさっている、大江健三郎さんの守護霊をお呼びしたいと思います。

大江健三郎の守護霊よ。

大江健三郎の守護霊よ。

どうか、幸福の科学大悟館《たいごかん》に降りたまいて、われらに、その真意を語りたまえ。

われらに、その心を語りたまえ。

われらに、あなたが求めている、平和の考え方、正義の考え方、その他、重要だと思っておられること等を、お教え願えれば、幸《さいわ》いに存じます。

大江健三郎の守護霊、流れ入《い》る、流れ入る、流れ入る。

大江健三郎の守護霊、流れ入る、流れ入る、流れ入る、流れ入る、流れ入る、流れ入る、流れ入る。

大江健三郎の守護霊、流れ入る、流れ入る、流れ入る、流れ入る。

（約十五秒間の沈黙《ちんもく》）

2 「霊《れい》の自覚」がなく、幸福の科学に否定的

「守護霊」という言葉を理解できない大江守護霊

大江守護霊　ううーん。うん。うん。うーん。
酒井　こんにちは。

大江守護霊　うーん。うん。ああ。
酒井　大江健三郎氏の守護霊さんでしょうか。
大江守護霊　ああ?
酒井　守護霊さんですか。
大江守護霊　う、うーん。守護霊?　何だ、守護霊って?
酒井　守護霊をご存じない?
大江守護霊　うん?　守護霊って何だ?
酒井　守護霊とは、地上の本人を守っている……。
大江守護霊　ああ、私が守護霊なのか。
酒井　本人の「魂《たましい》の兄弟」というか、本人と親しい存在です。

大江守護霊　君ねえ、日本語をしゃべってもらわないといかん。分からない。
酒井　分からない？
大江守護霊　言ってることが分からない。日本語をしゃべっていただけないかな？　何を言ってるんだ、いったい。辞書を引いたら出てくる言葉でしゃべってくれよ。辞書には「魂の兄弟」なんて出てこないから。
酒井　出てこない？
大江守護霊　私は文学者なんだから、言葉には敏感《びんかん》なのよ。

「大江健三郎」と呼ばれたから来た

酒井　では、「地上の大江健三郎氏」と「あなた」とは、違《ちが》う人でしょうか。それとも、同じ人でしょうか。
大江守護霊　うーん？　違うか、同じか……。それ、どういうこと？

酒井　だから、「同じだ」と思っていれば、「同じ」と答えてください。
大江守護霊　「大江健三郎」って呼ばれたから、来たんじゃないか。
酒井　そうすると、あなたは「大江健三郎氏そのもの」ですね。
大江守護霊　え？　どういうこと？　ちょっと分からないなあ。何が言いたいの？
酒井　あなたは大江健三郎氏ですか。
大江守護霊　「大江健三郎」と言われたから、来たんだよ。
酒井　そういうことですか。
大江守護霊　うん。何だか、君の言っていることが分からないなあ。
でも、あそこ（会場内のモニター）に映ってる顔は大江健三郎じゃない。
酒井　なぜ違うんでしょう？
大江守護霊　なぜ違うんだろうなあ。もっと、ずーっとずっと風格のある顔のはずだよなあ。あんな顔のはずはない。
酒井　本来の顔は、風格があるというより、ちょっとインチキのような顔をしていますけどね。丸い眼鏡《めがね》をかけて……。
大江守護霊　いやあ、君、好き嫌《きら》いで物事を言ってはいけないよ。
酒井　いやいや。
大江守護霊　差別はいけない。
酒井　差別ではなく、これは私個人の意見です。
大江守護霊　ええ？　区別もいかん。君だって、返す言葉で切られるんだからね。気をつけなさい。
酒井　では、切ってください。
大江守護霊　「顔の話」はやめよう。

酒井　では、やめましょう。
大江守護霊　「考え」で行こう、「考え」で。
酒井　でも、あなたが「顔の話」を持ち出したんです。
大江守護霊　ああ、そうか。
酒井　「違うか、違わないか」で答えてください。あなたが大江健三郎だとしたら、なぜ、今、ここにいるんですか。ここは、どこですか。
大江守護霊　それが分かったら、苦労しないよなあ。
酒井　だって、あなたはノーベル賞受賞者ですよ。
大江守護霊　だから、「大江健三郎」って呼ばれたので……。なぜか、電話がかかってきたように呼ばれたので、ここに現れたんだ。
酒井　ああ、そうですか。

大江守護霊　呼んだのは、そっちなんだろうから、呼んだ理由を、そっちが説明すべきだ。
酒井　呼んだ理由は、「あなたは大江健三郎氏の守護霊だ」ということです。
大江守護霊　いやあ、君は、訳の分からん言葉を使うねえ。

先ほどまで〝大江健三郎〟をしていた

酒井　先ほどまで、あなたは何をしていましたか。
大江守護霊　「何をしていた」って、〝大江健三郎〟をしていたよ。
酒井　大江健三郎は何をしていましたか。
大江守護霊　大江健三郎は同時代を生きてるわけよ。
酒井　いやいや、例えば、「食事をしていた」とか、「コーヒーを飲んでいた」とか……。

大江守護霊　ああ、なるほど。君、そんな原始的なことを訊《き》くわけ？
酒井　では、あなたは原始的な作業をしているわけですね。
大江守護霊　いや、大江健三郎は大江健三郎として生き切っておるわけだよ。
酒井　生きているのは分かるのですが、食事をし、コーヒーを飲み……。
大江守護霊　君は、私の知らない人だよ。
酒井　ええ。私は、あなたとは初対面です。
大江守護霊　私の弟子《でし》でもないし、教え子でもないよ。
酒井　はい。
大江守護霊　知らない人だ。知らない人に、「ご飯を食べてた」とか、「トイレに行ってた」とか、「コーヒーを飲んでた」とか、なぜ答えないといかんわけ？　こんなの、君、日本人としての礼儀《れいぎ》に反するんじゃないの？

酒井　では、この話は、ここまでにします。

書店で大川隆法コーナーに近寄ると、気分が悪くなる？

酒井　幸福の科学をご存じでしょうか。
大江守護霊　今、ちょっと、何か嫌《いや》ぁなニュアンスが伝わってくるな。
酒井　幸福の科学を知っているか、知らないか、どちらですか。
大江守護霊　嫌ぁなニュアンスが伝わる。
酒井　「嫌な」とか、そういう感性的な表現はよくありません。
大江守護霊　いや、私は物書きだからさあ、書店にも行くけど、書店に行くと、書店を汚染《おせん》してる一角があるんだよなあ。
酒井　こちらから言えば、あなたの本が書店を汚染しているんですよ。

大江守護霊　いやあ、読んではならないタイプの本が山積みされている所……。
酒井　あなたは、そう思うわけですね。
大江守護霊　汚染核《かく》物質のようなものが山積みされている所があって、そこに近寄ると、気分が悪くなり、鼻血が出そうになるんだよ。
酒井　そこに行かれたこともあるわけですね。
大江守護霊　書店巡《めぐ》りは、作家として当たり前のことだと思うがね。
酒井　大川総裁の本を手に取ったことはありますか。
大江守護霊　いや、あんな〝核汚染〟された本を読めませんよ、君。
酒井　ああ。核ですか。
大江守護霊　ええ。あれは核です。放射能が出てますよ。
酒井　放射能が出ている?

大江守護霊　ああ。本から放射能が出てるわ。

3　左翼《さよく》的な自虐《じぎゃく》史観を主張する大江守護霊

「天皇陛下は韓国《かんこく》に謝罪すべき」なのか

酒井　これから、すぐに放射能について話をしたいところなのですが、その前にお訊《き》きしたいのは竹島《たけしま》や尖閣《せんかく》諸島についてです。
大江守護霊　ああ、ああ！　ああ！　ああ！　ああ！
酒井　今、韓国《かんこく》や中国が来ていますが……。
大江守護霊　核心《かくしん》に迫《せま》ってきたな。
酒井　ご存じですか。

大江守護霊　核心に迫ってきた。そこが問題なんだよ。今、私のライフワークの最後の仕上げに入ってる。
酒井　例えば、韓国の李明博《イミョンバク》大統領は、天皇陛下に、「謝罪したら韓国に来てもいい」と言いました。
大江守護霊　ああ、そのとおりだよ。そうしたらいい。謝罪したらいいんだよ。謝罪すべきだよ。当然だよ。
韓《かん》半島支配の〝利子〟として、「竹島《たけしま》を韓国にあげてもよい」
酒井　竹島《たけしま》に上陸した李明博大統領や、尖閣諸島に接近し、上陸した、香港《ホンコン》の活動家たちに対して……。
大江守護霊　それは結果だ。結果論だよ。
酒井　結果論？

大江守護霊　李明博大統領は、去年、従軍慰安婦《じゅうぐんいあんふ》の像を、親切にも韓国《かんこく》の日本大使館の前につくって、「君らは分かってないようだから、目に見えるかたちで、君らに慰安婦を見せてあげよう。さあ、これに対して、具体的なアクションを取らなければ、君たちは、犬畜生《いぬちくしょう》にも劣《おと》るような人間なんだよ」ということを教えてくれたわけよ。
それに対して、外務省や首相、内閣が、具体的なアクションをスピーディーに起こせば、韓国は領土問題なんかを蒸《む》し返して暴《あば》れたりしなかったはずだから、原因は日本にある。
酒井　ちょっと待ってください。そうしますと、竹島は韓国の領土ですか。
大江守護霊　うん？　とにかく、日本と韓国とは民族が違《ちが》うのは明らかなんだから、日本は他民族の所有する国家を不法にも略奪《りゃくだつ》し、自国にしてしまったんだ。
酒井　では、竹島、韓国の言う独島《ドクト》は、日本が略奪した？
大江守護霊　それが歴史的にどちらのものであるか、これについては議論があって、揉《も》めていることぐらい、承知はしておるけれども、日本は、韓国というか、北朝鮮《きたちょうせん》も含《ふく》めて、韓半島を丸ごと一九一〇年から四五年まで支配した。それを彼らは「日帝《にってい》三十六年の支配」って言ってる。竹島か独島か、議論はあるのかもしらんけど、丸ごと本国を取られていた彼らにとっては、こんなものは利子みたいなものだ。
酒井　「利子を韓国にあげろ」ということですか。
大江守護霊　「利子を取りたい」と言うのなら、まあ、利子ぐらいはあげないとな。
酒井　ああ。
大江守護霊　要するに、謝罪として、利子ぐらいは付けなくてはいけないわけだ。島一個ぐらい、別に、どちらのものであろうと構わないが、まあ、利子としてあげても……。
酒井　どちらのものでも？　では、「日本のものだ」ということを、今、正式に言ってはどうですか。

大江守護霊　そうかどうか、分からないけど。
酒井　あなたには分からない？
大江守護霊　ただ、向こうが「自分たちのものだ」と言ってるんだから、そうなんだろうよ。
酒井　あなたは調べていないのですか。
大江守護霊　議論が分かれてるのは知ってるよ。
酒井　いや、議論が分かれているのは知っていても、その歴史を、あなたは勉強していませんよね。
大江守護霊　知ってるけど、日本は本国自体を丸ごと取ったんだから、その三十六年間の反省に基《もと》づけば、こんなことで言い争う権利はない。

その記憶《きおく》が消えるまで、日本民族は反省しなくてはいけないのか

酒井　日本は、いつまで反省すればよいと思いますか。
大江守護霊　ええ？　日本民族は、（韓半島の人たちから）その記憶《きおく》が消えるまで、反省をしなければいけない。
酒井　記憶が消えるまで？　では、国際条約というのは、いったい何なのでしょう。
大江守護霊　国際条約といっても、時の政府が力で押《お》し切り、正義ならざる結論が出ることがある。
酒井　そうすると、あれ（一九六五年締結《ていけつ》の日韓基本条約）は間違いですか。
大江守護霊　だから、韓国は力がないときに日本に押し切られたんだけど、今は韓国に力が付いてきて、日本と対等に戦い、批判できる立場に立ったので、彼らは、やっと、今までグーッと内側に押し込《こ》めていた鬱憤《うっぷん》を外に出してきて、日本に堂々と……。

酒井　分かりました。
大江守護霊　「昔、支配されたから、怖《こわ》かったけど、今なら堂々と言える」っていうことで、やっと本音が言えるようになったんだ。
酒井　では、「ある程度、やらせてあげろ」ということですか。
大江守護霊　その段階で、同じテーブルに着いて話し合うのは、当たり前じゃないか。
酒井　いや、竹島について、向こうは、「同じテーブルでは話し合わない」と言っていますよ。
大江守護霊　ええ？　「話し合わない」っていうか、さっき言ったように、これは利子みたいなものだよ。こんなもの、取られたって、しょうがないんだよ。

北朝鮮《きたちょうせん》による日本人拉致《らち》は「当然のこと」？

酒井　その論理で行くと、北朝鮮《きたちょうせん》に対しても、かなり、〝あれ〟ではないですか。あなたは北朝鮮に親近感を持っているから……。
大江守護霊　北朝鮮があれだけ苦しんでるのは、「日帝（日本帝国主義）」の支配が悪かったからに決まってるじゃないの。ええ？
酒井　北朝鮮は、今、核ミサイルをつくっているのですが、「一発ぐらい日本を撃《う》ってもいい」ということですか。
大江守護霊　当然です。当然ですよ、それは。
酒井　撃ってもいい？
大江守護霊　こんな盗賊《とうぞく》みたいな国家が近くに存在し、現実に支配がなされた。従軍慰安婦も、軍に銃口《じゅうこう》を向けられたら、反抗《はんこう》できませんよ。十三歳《さい》の少女までもが軍隊の慰《なぐさ》み者にされたんだから、核兵器ぐらいぶち込みたいだろうし……。
酒井　それでいいのですか。
大江守護霊　その前の段階として、日本人の百人や二百人を拉致《らち》したなんて、こんなの、当然のことですよ。
酒井　それはいいことなんですね。
大江守護霊　当たり前じゃないの。
酒井　ああ。拉致被害《ひがい》者の会の方にも、それが言えますか。
大江守護霊　何言ってんだ。
酒井　被害者の会の方の前で……。
大江守護霊　だって、日本は、何千、何万、それ以上の数の朝鮮人を軍隊に徴用《ちょうよう》し、戦争の矢面《やおもて》に立たせた。日本人は後ろの安全な所にいて、いちばん危ない所には朝鮮人を配置し、アメリカ軍が黒人をよく使ったように、朝鮮人を戦いの前面に立たせて、たくさん殺した。さらに、その奥《おく》さんや妹、娘《むすめ》たちを、日本軍の慰み者にし、トラックに積んで連れていった。その痛みを分かれ！
酒井　ちょっと待ってください。あなたは、それを見たのですか。

大江守護霊　見たわけじゃないけど……。
酒井　見ていないのに、なぜ、そう言えるのですか。
大江守護霊　君らより年は上なんだ。分かってるんだ。
酒井　年が上だからって、直接それを見たわけではないでしょう。
大江守護霊　ええ？　年は上なんだよ。だから、私は……。
酒井　見ていない人間が、なぜ、そこまで言えるのですか。
大江守護霊　（机の上にあるプロフィールを見て）これには、私のことを、「一九三五年生まれ」って書いてあるじゃないの。韓国が日本に吸収されてた最後の十年間は、わしの人生と重なっておるから、わしが十歳ぐらいになるまでは、韓国と北朝鮮は日本領土だったわけだ。
君だって、十歳までのことを、「あのときは、こうだった」と思い出せるだろ？

酒井　見ていないのに、どうやって思い出すんですか。
大江守護霊　十歳までの記憶があるから、「朝鮮人が、どのように差別されてたか」っていうことが分かる。十歳って、もう物心《ものごころ》がついてるからね。
酒井　では、あなたは朝鮮半島に行っていたんですか。
大江守護霊　いや、彼らは日本に来て、日本に住んでましたから。
酒井　そういうプロパガンダ（宣伝）を信じてしまっているのではないですか。
大江守護霊　ええ？　日本は彼らを連れてきて、炭鉱で働かせとったのよ。
酒井　もう結構です。

北朝鮮《きたちょうせん》や中国の核《かく》武装は「当然の正当防衛」なのか

酒井　話は変わりますが、あなたは、北朝鮮《きたちょうせん》と中国の核《かく》兵器について、「あってもよろしい」という考えなのですね。

大江守護霊　まあ、当然の正当防衛でしょうね。
酒井　当然の正当防衛？
大江守護霊　当然でしょうねえ。当ったり前だよ。もう二度とやられたくないですよね。
酒井　ただ、大江氏本人は、「原子力は、人間の根本的なモラル、倫理《りんり》に反するものなので、なくさなくてはいけない」と言っていました。
大江守護霊　まあ、一般論《いっぱん》としては、そうだけど、それは主として……。
酒井　なぜ一般論が中国と北朝鮮には通じないのですか。
大江守護霊　原爆《げんばく》を二発、日本に落としたのはアメリカですから、まずはアメリカからなくしていくのが順序だよな。
酒井　いやいや。

大江守護霊　犯罪人であったのはアメリカなんだからね。でも、アメリカは、勝ったものだから、軍事力を背景にして、懲《こ》りずに、その後《ご》も、いろいろな国に軍事介入《かいにゅう》をしては、その国の国民を殺していった。原爆は落としてないけどね。だから、ほんとは反省しなくてはいけない。
　原子力をなくしていくのは、当然、世界の最終理想だけど……。
酒井　北朝鮮には、あれだけ、飢餓《きが》に苦しんでいる人たちがいるのに、なぜ、あなたは核開発を認めるのですか。そのお金を食料に回したらいい。
大江守護霊　それは、国際社会が間違ってるからですよ。
酒井　あなたが間違っているんですよ。
大江守護霊　あれだけ日帝に支配されて苦しみ、再建に苦労してる国に対して、国際社会は重油や食料の援助《えんじょ》をしないでいる。北朝鮮が、あそこまで国民を生活難に追いやりながらも、「先軍政治」をやってる理由は、「日帝の支配が再びあったら、どれほど怖いか」っていう……。

酒井　でも、日帝は、今、どこにいるのですか。
大江守護霊　ええ？　日帝は、ここにいるじゃないの。
酒井　「ここ」とは？
大江守護霊　日本にいるじゃないか。日本帝国主義は、いつ起きるか、分からないですよ。
酒井　誰《だれ》ですか。
大江守護霊　憲法九条で、日本は軍隊を持っていないことになっているのに、すでに、自衛隊という、世界有数の軍隊を持っている。
酒井　では、核兵器が飛んできて、あなたの家に落ちたとします。それでいいですか。
大江守護霊　わしを狙《ねら》うようでは、「腕《うで》が悪い」と言わざるをえない。
酒井　いや、あなただって日本人なんですから、あなたの論理で言えば、あなたも、同じ日本人として責任を取るべきですよ。あなた、北朝鮮に行って割腹《かっぷく》自殺をしてください。
大江守護霊　いやいや、私は、君らみたいな国粋《こくすい》主義者と一緒《いっしょ》にされては困る。
酒井　私たちは国粋主義者ではありません。
大江守護霊　私は、世界平和のために、神の代理人として小説等を書き、活動してるのよ。君らは悪魔《あくま》の代理人なんだからね。
酒井　私たちは悪魔の代理人でもありません。

4　実存主義哲学者《てつがくしゃ》に対する評価

ニーチェの文学的才能を認め、サルトルを尊敬している

酒井　あなたは悪魔《あくま》ではないのですか。

大江守護霊　え？　私は神の代理人ですよ。
酒井　あなたはニーチェが好きですよね（注。二〇一二年二月三日に、「ニーチェよ、神は本当に死んだのか？」と題して、「ニーチェの霊言《れいげん》」を収録したところ、ニーチェは、現在、地獄《じごく》の悪魔と化していることが判明した）。
大江守護霊　うん？　君らは、ちょっと別な意味で理解してるんじゃないかな。まあ、文学者的な才能は素晴《すば》らしいと思うな。
酒井　あなたはサルトルを尊敬していますよね。
大江守護霊　中国とサルトルは仲がよかったからね。
だから、君らとは、ちょっと世代が違《ちが》うんだよ。安保《あんぽ》世代の人は、要するに、「サルトルらの実存主義」と「中国の毛沢東《もうたくとう》主義」とが見事に交響曲《こうきょうきょく》を奏《かな》でてるところを見てるからね。フランスと中国とは非常にいい感じになったわけよ。
仏文《ふつぶん》（フランス文学）をやった人だと、実存主義の本を読んでるから、実存主義の人たちが中国や毛沢東に惹《ひ》かれていった感じがよく分かるわけよ。

中国は、日帝《にってい》にやられて、さんざん〝人生〟の岐路《きろ》に立ち、軍事大国に運命を翻弄《ほんろう》され、自分たちが主体的にやっていけないなかで、「放り出された人生、投げ出された人生のなかで、どうやって生きていくか」っていうことを考え、苦労して国をつくり上げてきた。実存主義者たちは、これと非常に感応するんだな。

だから、われらが信じる神は、ほんとに「平和の神」であってね。

神を言葉と考え、平和主義の推奨《すいしょう》を「神の働き」と見る大江守護霊

酒井　あなたは神を信じているのですか。
大江守護霊　ええ？　それは言葉だからさ。神は言葉だから。
酒井　あなたは、偶然《ぐうぜん》に、この世に投げ出されたのですか。
大江守護霊　神は言葉なんだよ。
酒井　いや、偶然に生まれてきたのですか、あなたは。

大江守護霊　「神の証明」なんてできる人は、(膝《ひざ》を叩《たた》いて)いやしないけど、少なくとも、「生きてる人間を幸せにするかどうか」を見れば、神の働きかどうかが分かる。「生きてる人間を不幸せにするものは悪魔であり、幸福にするものは、神と言われるものの働きなのだ」と思われるから、私のように、平和主義を推奨《すいしょう》している者の活動は、神の働きだと見て間違いない。
酒井　そういうことなんですね。
大江守護霊　だから、ノーベル賞が、君たちには出ないで、私には出るわけだ。

5　「脱《だつ》原発」に定見《ていけん》はあるのか

大江守護霊が共鳴《きょうめい》するのは「この世の人間の命を守ること」

武田　現在、あなたは、脱《だつ》原発運動、反原発運動の中心的な存在になっておられると思います。
大江守護霊　中心というほどではないけど、看板だな。
武田　誰《だれ》かに呼ばれて、なさっているのですか。
大江守護霊　もう、いい年齢《ねんれい》だから、〝最後のお務め〟と思ってなあ。
武田　運動の中心ではないのですか。
大江守護霊　いやあ、元気で、もっと若い人たちが……。
武田　では、誰かに担《かつ》がれて看板をやっているわけですか。
大江守護霊　思想的には、とても共鳴《きょうめい》するなあ。
武田　どういうところに共鳴するのでしょうか。
大江守護霊　私にとって最も大事なのは、要するに、「この世の人間の命を守ること」なんだよな。この世の人間の命を守る。

あれほどの大震災《だいしんさい》があり、原発の炉心溶融《ろしんようゆう》があって、放射能に汚染《おせん》されたと思われるのに、情報統制をされて国民に真実が知らされなかった。東京都民までもが、「被《ひ》曝《ばく》するかもしれない」っていう恐怖《きょうふ》におののいた一年があったにもかかわらず、政府は、のらりくらりと逃《に》げて、まだまだ態度を改めようとしないし、謝罪もしない。
昭和二十年（一九四五年）以来、日本人に固有の「反核《はんかく》」「反原発」のトラウマ（心の傷）を理解しないところが、やっぱり問題だな。
熱中症《ねっちゅうしょう》で大勢の人が死ぬのは、「省エネ」を訴《うった》えた政府のせい？
酒井　「命を守ること」が大切ですよね。
大江守護霊　そう。生きてる人間の命を守らないといけない。
酒井　あなたがたの活動によって「節電」がなされていますが、この夏も非常に暑く、熱中症《ねっちゅうしょう》で大勢の人が死んでいます。命を守っていないではありませんか。
大江守護霊　核の永続的な脅威《きょうい》から見れば、そんなものは……。

酒井　熱中症も永続的な脅威です。
大江守護霊　いやいや、そんなことはない。水風呂《みずぶろ》に入っとればいいのよ。
酒井　あなたは水風呂に入っているのですか。
大江守護霊　私は入っていませんけど。
酒井　あなたはクーラーでもつけているのではないですか。
大江守護霊　ええ？　私はクーラー代ぐらい払《はら》えるからいいけどね。
酒井　クーラー代を払えない人は、どうするのですか。
大江守護霊　クーラー代を払えない人のために、今、増税をかけてるんじゃないの？
酒井　あなた、矛盾《むじゅん》していますよ。「そういうことでは人が死んでもいい」と考えているのでしょう？

大江守護霊　いや、結果として人が死んだわけで……。
酒井　しかし、放射能では、まだ人は死んでいないんですよ。
大江守護霊　政府が悪いからだ。
酒井　なぜ人のせいにするのですか。あなたがたが悪いのではないのですか。
大江守護霊　政府が、去年、「省エネ」って言ったじゃないか。今年も言って……。
酒井　あなたがたが反原発運動をやり続けるから、みんなが節電しなくてはいけないんですよ。
大江守護霊　違《ちが》う、違う、違う。私たちの反原発運動と電力の供給とは別の問題だよ。
酒井　燃料代が高くなり、電気代も高くなったんですよ。
大江守護霊　それは電力会社が考える言い訳であって……。
酒井　あなたは、電気代が高くなっていることを知っていますか。

大江守護霊　私たちは、原理・原則に基《もと》づいて、「原発によるエネルギー供給」という、非現実的というか、国民の命を軽《かろ》んじるようなことは、やめるべきだ。
酒井　現実的ではないですか。
大江守護霊　化石燃料等、代替《だいたい》手段は、いくらでもあるんだから。
酒井　燃料代が高くて払えないんですよ。
大江守護霊　それは経済界の言い訳にしかすぎないわけで……。
酒井　いや、現実に高くなっているんです。
大江守護霊　高いものを安くするのが企業《きぎょう》の努力じゃないか。だから、一時的に高いように見えても、会社がそれをかぶればいいわけだよ。
酒井　いや、「電気代が高いか、高くないか」の前に、政府は、「これ以上、電気を使ってはいけない」というようなことを言っているわけです。

大江守護霊　だから、政府が悪いわけだよ。戦時中と同じで、統制経済をかけてる。
酒井　電気代は高いし、電気をあまり使ってはいけないし、熱中症で人は死ぬし……。
大江守護霊　いやあ、戦時中には、そんなことを、たくさんやられましたよ。「食べちゃいけない。飲んじゃいけない。使っちゃいけない」ってね。
酒井　では、あなたは、「熱中症で死ぬことは政府のせいだ」と考えるわけですか。
大江守護霊　「熱中症で死んだ」と報道されることによって、政府は、逆に、自分たちが何もしないことの言い訳をつくろうとしてるんだ。
酒井　あなた、今、自分の電気代が幾《いく》らになっているか、知っていますか。
大江守護霊　そんなもの、分かるわけがないでしょう。
酒井　ほら、あなたは、庶民《しょみん》の心なんか、何も知らないではありませんか。
大江守護霊　そんなの、知らないよ。この年になったら、もう、そんなものは超越《ちょうえつ》してるんだから。
酒井　あなたは、別に熱中症では死なないから、何の心配もないわけですが、独《ひと》り住まいの老人は、どうしたらいいのですか。
武田　何万人もが熱中症になり、大勢の人が亡《な》くなっているんですよ。
大江守護霊　そのために社会保障を充実《じゅうじつ》させなければいけないわけでしょう?

「原発ゼロは一年で可能」と強弁《きょうべん》する大江守護霊

酒井　反原発運動なんて、今やっても非現実的なんです。なぜ、あなたは、そんな非現実的なことを、今、やっているのですか。
大江守護霊　いやあ、クリーンなエネルギーの開発もあるわけでしょう?
酒井　それは、いつごろ、できるのですか。
大江守護霊　だから、それに向けて、今、「原発ゼロ」を目指して運動してるわけじゃないか。そういう動きをすぐにしなければ、もたないじゃないか。
酒井　野田総理が、「もう少し時間がかかる」と言ったら、反原発運動の人たちは、「そんなの、許さない」と、昨日《きのう》、総理との会談で言ったわけでしょう?
大江守護霊　それはそうだよ。それについては企業がまず責任を取るべきだ。原発事故を起こした企業が責任を取らなくてはいけない。
酒井　設備を新しくするには時間がかかるんですよ。
大江守護霊　いや、それは言い訳だよ。言い訳、言い訳。
酒井　言い訳じゃないんです!
大江守護霊　彼らは、自分らの利益のためだったら、すぐにやるよ。一年もあれば全部できるんだから、ほんとに。
武田　文学者のあなたに、なぜ、そんなことが分かるのですか。

大江守護霊　ええ？　分かるよ。
武田　時間がかかるんです。
大江守護霊　かからないよ、君。
武田　あなたは、ただ感情論で言っているだけではないのですか。
大江守護霊　君は東京電力の人間なんじゃないか。
武田　違います。
大江守護霊　東電の回し者だ。金をもらってるんだよ。
武田　もらっていません。
大江守護霊　ここ（大悟館《たいごかん》）は電気代を安くしてもらったんじゃないか。
武田　いや、違います。
大江守護霊　（会場内を指して）電気をたくさん使ってるけど、無駄《むだ》だから消しなさい！　こんなものをつけてるから……。
酒井　消すと熱中症になるんです。だったら、あなたは、外で、ずっとアスファルトの上に座っていなさい。
大江守護霊　年寄りに対して、君、失礼でしょうが。ああ？
酒井　大勢の人が熱中症で死んでいるんだから。同じことをやりなさいよ、あなた。
大江守護霊　〝熱帯の人たち〟は別に構わないのよ。
酒井　あなただって、やってみなさい。
武田　やった上で言ってくださいよ。
酒井　自分でやりもしないのに言うのは卑怯者《ひきょうもの》ですよ。
大江守護霊　インドでは、この前、全土の三分の二が停電したけど、影響《えいきょう》を受けた六億人が、死なずに生きてるんだからね。

結局、自分のことしか考えていない大江守護霊

酒井　あなたは、結局、自分のことしか考えていないんでしょう？
大江守護霊　そんなことはない。私は世界の平和を……。
酒井　あなたと同じ世代の人たちが亡くなっていっているのに、あなたは涙《なみだ》一つ流さないじゃないですか。
大江守護霊　そう言ったって、その人たちを直接には知らないもの。
酒井　ほら、見なさい。人ごとじゃないですか。
武田　あなたのいる部屋にはクーラーが効《き》いているのではありませんか。
大江守護霊　「熱中症で死んだ」というのは嘘《うそ》かもしらんしさ。
酒井　嘘じゃない！
あなたは、先ほど、見てもいないことを信じておいて、同じく見てはいないことを、

今度は「信じない」と言っている。おかしいですよ。あなたは、ご都合《つごう》主義だ！
大江守護霊　だけど、福島原発の事故だって、隠蔽《いんぺい》に隠蔽を重ねてあるため、真実を暴《あば》くのに、ものすごく苦労してるじゃないか。ええ？
酒井　隠蔽かどうかは別として、福島原発の事故で何人が死んだのですか。言ってください。
大江守護霊　日本に原発はものすごくあるんだから……。
酒井　いや、何人が死んだか、それだけを言えばいいんですよ。あなたは話が長い。
大江守護霊　いや、これから死ぬかもしれないから。
酒井　死にません。
大江守護霊　広島・長崎《ながさき》で二十万人以上が死んだんだから、あのクラスのものは、もう……。

酒井　今回の事故は、あれほどのものではありません。
大江守護霊　いや、それは、たまたま、偶然《ぐうぜん》、あそこまで行かないところで止《と》まっただけであって……。
酒井　熱中症では、もう何人も死んでいますが、原発で、いつ、熱中症を超《こ》えるぐらいの数の人が死ぬのですか。
大江守護霊　そんなことを言ったら、逆に、冬には家に氷が張って死ぬ人だっているだろう。
酒井　そうなるのは原発を取り入れなかったからでしょう？
大江守護霊　自然現象の場合には、しょうがないじゃないか。
酒井　暖房《だんぼう》があれば死なないのです。
大江守護霊　自然現象で死ぬのは、しかたがないのよ。
人為《じんい》現象、人間がつくったもので、そういう事故を起こすことがないように、人間は努力して……。
酒井　では、あなたこそ、今、氷河《ひょうが》の上で生活するとか、炎天下《えんてんか》、アスファルトの上で生活するとか、やってみてください。人間のつくったものを信用しないのであれば、屋根のない屋外で生活してください。
大江守護霊　いや、そういう生活は、文学テーマとしては十分にありうるよ。
酒井　「文学テーマ」って、あなた、現実的にやってくださいよ。
大江守護霊　ロビンソン・クルーソーの生活だろう?　それは、文学的には非常に興味のあるテーマではあるよ。
酒井　それで文学の本を書いてください。そういう生活を送ったら、あなたの言うことを信じましょう。
大江守護霊　しかし、文学者も、世界的な名声に包まれると、それでは済まない。やっぱり、世界に対して情報を発信し、日本の国民をリードする使命があるわけだ。

かつては原発に賛成していた大江氏

武田　でも、あなたは、四、五十年前は原発に賛成していたのではないですか。
大江守護霊　うーん？　うん、まあ……。
酒井　この人（大江氏）は賛成していましたね。
武田　違うのですか。
酒井　意見がコロコロ変わるんですね。
大江守護霊　それは、若気《わかげ》の至りだよな。
武田　若気の至りですか。
武田　ずいぶん、いいかげんですね。
大江守護霊　うん。若気の至りだろうな。

酒井　この人は、意見がコロコロ変わるんです。中国へ行くとペコペコして、大変なんですよ。
武田　あなたは文学者なので、専門的なことを大して知らずに、感情論で言っているだけなのではないですか。
大江守護霊　そら、まあ……。文学者ってのは、そんなもんだよなあ。
武田　「そんなもん」でいいんですか。
大江守護霊　まあ……。
酒井　「嘘を書いてもいい」ということですか。
大江守護霊　まあ、だいたい、文学者っていうのは、世間《せけん》知らずなんだ。本を読んで、原稿《げんこう》を書いてるだけなので、世間知らずなんだけどね。まあ、そういう謙虚《けんきょ》な反省はしているよ。うん。

原発事故を起こした東電が潰《つぶ》れないのは「けしからん」？

武田　エネルギー政策という国の根幹にかかわる問題に関して、そんないいかげんに意見を言っていいのですか。
大江守護霊　でもねえ、企業の金儲《かねもう》けに協力する文学者なんていうのは、信用できませんね。
武田　それは関係ないと思います。
大江守護霊　庶民が私を頼《たよ》りにしてね、「リーダーになってくれ」っていうのに、断るわけにいかないでしょ？
武田　企業も多くの人を雇用《こよう》していて、それによって、人々の生活が成り立っているんですよ。それについては、どう考えているのですか。
大江守護霊　なーに、あんな東電なんか、あんな原発事故を起こしてねえ、国から援《えん》助《じょ》を受けようかという段階でねえ、潰《つぶ》れてもいないなんていうのは、けしからんことですよ。倒産《とうさん》すべきですよ、当然ながら。
武田　それは、あなたの嫉妬心《しっとしん》ではないでしょうか。感情論ではないですか。
大江守護霊　電力会社に、なんで私が嫉妬しなきゃいかんわけよ。ノーベル文学賞者が電力会社に嫉妬なんてするのか。
酒井　あなたは、要するに、「東京電力がどうの」と言っても、電気さえ来れば、それで満足なのでしょう?
大江守護霊　うーん。まあ、庶民を守るのは私の仕事だな。
酒井　「庶民を守る」と言いますが、あなたにはお金があるから、月々の自分の家の電気代も分からないし、電気代が上がろうとどうなろうと気にならないのではないですか。
武田　庶民を守ってはいないと思います。

ルソーの「自然に帰れ」が理想と考えている

大江守護霊　まあ、でも、精神的支柱っていうのは要《い》るよなあ。
酒井　それでは、あなたの家だけ停電にしたらいいではありませんか。
大江守護霊　私ぐらいの年になると、もう、「ガンジーみたいな精神的なシンボルにならなければいかん」という使命感が起きてくるんだ。まあ、気分はガンジーだな。
酒井　気分はガンジーですか。
大江守護霊　うん。ガンジーの、何て言うの？　脱イギリスか？
酒井　ただ、ガンジーは、インドを守ろうとしていましたよね。
大江守護霊　脱イギリス文化で、この……。
酒井　いやいや、ちょっと待ってください。インドを守ろうとしたガンジーと、日本を滅《ほろ》ぼそうとしているあなたとでは、大きな違いがあるのではないですか。

大江守護霊　そんなことはないよ。「自然に帰れ」のルソーみたいになってるわけだから、まあ、いいじゃないか。
酒井　「自然に帰れ」と？
大江守護霊　ええ。日本古来の生き方っていうか、縄文《じょうもん》・弥生《やよい》時代にはねえ、電力も冷房機もなくても、日本人は幸福に暮らしてたのよ。
武田　そういう社会を願っているのですか。
大江守護霊　やっぱり、そういう平和な農村社会っていうのは、いいねえ。う～ん。
武田　日本を、そういう世界にしたいと？
大江守護霊　理想的だねえ。

6 「日本の起源は中国」という歴史観

「南京《ナンキン》事件」に対する悪意ある誤解

大江守護霊　だから、ああいうふうな、朝鮮《ちょうせん》半島や中国、あるいは、東南アジアの国々を侵略《しんりゃく》して、二千万もの人を殺し、三百万もの日本人を殺すような、こんなバカな戦争を起こすような体制を二度とつくってはいけないので、「右翼《うよく》的なものの考え方に対しては、徹底抗戦《てっていこうせん》する」ということだね。
酒井　ちょっと待ってください。「日本だけが他の民族を殺してしまった罪がある」と言うのですか。
大江守護霊　うーん？
酒井　日本人も殺されましたよね。

大江守護霊　だけど、殺したほうが数は多いだろうからねえ。
酒井　アメリカは日本人をたくさん殺しました。
大江守護霊　ヒトラーがいるよ。あのヒトラーは……。
酒井　ソ連は、日本人をシベリアに抑留《よくりゅう》して大量に死なせました。中国人も、日本人を数多く殺しました。南京《ナンキン》事件の前もそうです。
大江守護霊　ああ、南京事件があるよ。
酒井　通州《つうしゅう》では、日本人がものすごく悲惨《ひさん》なかたちで殺されているんですよ。
大江守護霊　ええ？　「三十万も殺した」っていうのは、まあ、人間のすることじゃないよ。
酒井　いや、そもそも当時の南京に三十万も人口はなかったんですよ。
大江守護霊　日本人は原爆《げんばく》二発で二十万人が死んだんだけど、日本人の軍隊はねえ、原発がなくても、銃《じゅう》と剣《けん》で三十万人も殺してるから……。
酒井　あなたは、それを見たのですか。
大江守護霊　え？　それはもう、同時代に生きたことがある人間としてね、もう、耳にビンビン入ってくるわなあ。
酒井　見ていないのでしょう？　戦争では、互《たが》いに被害《ひがい》は出ますよ。なぜ、日本だけがいけないのですか。
大江守護霊　私は、日本を世界の先進国にしようとしてるわけよ。世界の模範《もはん》にしようとしてるわけだからね。「日本に見習え」というふうに国を維持《いじ》しなきゃいけないと思ってるので、それを守る平和勢力なのよ。
だから、アメリカだの、ロシアだの、ほかの国も、いろいろと戦争の種を抱《かか》えてるけども、要するに、日本を見習えば、みんな平和になっていくわけだから、その日本を守ることが大事なんだ。

中国の軍事大国化は「専守防衛」のため？

酒井　しかし、中国は、チベットとか、ウイグルとか、内《うち》モンゴルとかで、大量の人間を殺しているのですが、これについてはどうでしょうか。中国は今でもやっていますよ。
大江守護霊　いやあ、歴史を見れば、中国は、「いろんな国を取ったり、取られたり」っていうような歴史なので、それは、彼らの民族自治の問題だから、あまり口を出すべきじゃないんだよ。
酒井　そうすると、日本人も同じように殺されますが、それでいいのでしょうか。
大江守護霊　その自治区の人たちが幸福か幸福でないかは、分からないから……。
酒井　不幸です。
大江守護霊　それは分からないからね。

酒井　言論の自由もありません。
大江守護霊　それは、他人の家の喧嘩《けんか》に口を出してるようなもんだからさあ、日本は、「日本のしようとすることが、いいか悪いか」だけを考えれば……。
酒井　日本は侵略されてもいいのですか。
大江守護霊　ああ？
酒井　中国に侵略されてもいい？
大江守護霊　「侵略されてもいいか」って、別に、誰《だれ》も侵略してないじゃん。
酒井　いや、これから来るんですけれども、どうしますか。
大江守護霊　だから、彼らが領有権を主張している島に上陸したかしないかぐらいの、それだけの問題じゃないの？　うーん？
酒井「中国は、あの島だけを欲《ほ》しがっている。あの島を取ったら、日本と友好的になる」と思っているのですか。
大江守護霊　中国は、あれだけ大きな国だから、今、軍事的にも大国になろうとしているわけだよ。あれだって、アメリカから身を守ろうとして、一生懸命《いっしょうけんめい》、防衛しているのであって、彼らは専守防衛なんですよ。アメリカって、いきなり攻撃《こうげき》を仕掛《しか》けてくるじゃないの。
酒井　しかし、中国は、東南アジアの国において、島をどんどん取っていっていますよ。
大江守護霊　ええ？　昔の大中国の時代には、もともと中国領だったんだからね。
酒井「だから、取ってもいい」というわけですか。

日本の文明・文化は、「全部中国からもらったもの」なのか

酒井　あなたの意見によると、「もともと日本も中国」ですか。

大江守護霊　日本は、もともと中国から文化を分けていただいて、中国人の子孫《しそん》もいっぱい住んでる国だから、本来、「中国のカリフォルニア」みたいな位置にあるわけよ。
酒井　あなたは歴史学を、どの程度、勉強したのですか。
大江守護霊　私にはねえ、そんなことを君みたいな人に訊《き》かれるいわれはないと思ってるよ。
酒井　それでは、「勉強していない」ということですか。
大江守護霊　何を言ってるんだよ。東大の仏文《ふつぶん》なんだから、歴史を勉強していないわけはないでしょ?
酒井　仏文で、どうして日本史を勉強するのですか。
大江守護霊　してないわけがないでしょ?
酒井　では、日本の起源は?

大江守護霊　え？　何が日本の起源だよ。
酒井　日本の起源は中国なんですか。
大江守護霊　それはそうでしょうよ。
酒井　その証拠《しょうこ》は？　学術的に言ってください。
大江守護霊　ええ？　騎馬《きば》民族だよ。騎馬民族が、中国から朝鮮半島を経由して入ってきたのよ。
武田　日本は農耕民族なんですけれども。
大江守護霊　江上《えがみ》先生が、そう……。
酒井　それでは、なぜ、日本では、これだけ稲作《いなさく》が発達しているのですか。
大江守護霊　江上波夫《なみお》先生（東京大学名誉《めいよ》教授）が、そう唱えてたよな。
武田　その説は間違《まちが》っているのではないですか。

酒井　間違っていますよ。
大江守護霊　え？　間違ってるかどうかは分からないよ。ただ、東大の教授が言ってたんだから、それは正しいんじゃないか。一世《いっせい》を風靡《ふうび》してたんだから。
酒井　あなたは、自分で確かめることなしに、すべて伝聞《でんぶん》で済ませ、しかも、自分の都合《つごう》のいいように物事を全部使っていますよね。
大江守護霊　すべてにおいて、大陸と朝鮮半島のほうが進んでいたわけよ。仏教も儒《じゅ》教《きょう》も、みんなあっちから入ってきたし、製鉄技術から青銅器、銅鐸《どうたく》、銅鏡《どうきょう》、銅剣《どうけん》も、全部入ってきたし、馬も入ってきた。もう全部、文明をもらったのよ。だから、日本人は威張《いば》っちゃいけないんだよ。そう思うなあ。
武田　だから、「中国の支配下に入ってもいい」と？　「それは当然だ」と？
大江守護霊　もともと、そうだったんだよ。日本は、もともと中国の支配下で、自治権を与《あた》えられて存在したんだ。『日本書紀』だって漢字で書いてあるわけですから、事実上、中国に文化的に支配されてるじゃないの。それが日本の始まりじゃん。

国がなくなっても、「この世の命」が守れたらいい?

武田　それが、あなたが先ほど言った、「世界に模範を示す先進国・日本の姿」なのですか。

大江守護霊　いや、やっぱり原爆を二発落とされて、そして、「徹底的に平和な国家を目指そう」と決意して、軍事力を放棄《ほうき》し、「国際紛争《ふんそう》を解決する手段としては、二度と軍事力を使いません」っていうことを決めて、六十七年か七十年か知らんけど、それを実践《じっせん》してきたわけだよ。これ自体が、世界に誇《ほこ》るべき日本の文化であるので、この文化を世界に輸出しなきゃいけない。その意味で、日本は先進国であるわけであって、それが、アメリカ以下の国が追随《ついずい》してくる道なんだ。
日本がその文化を守り続ければ、彼らも、やがて、それに感化されてついてくるけど、反対に、日本が原子力の推進のほうに行って、原発とかをつくり始めたら、「彼らのほうが正しかった」っていうことになって、日本は追随者になっちゃうじゃない。

ね？
武田　その結果、国がなくなったら、どうするのですか。それで何を誇れるのですか。
大江守護霊　ええ？　別に構わないじゃない。
武田　構わないのですか。
大江守護霊　まあ、この世の命が守れたらいいんだよ。
武田　国がなくなってもいいのですか。
大江守護霊　いやいや、そんなことはないよ。
酒井　国がなくなって、あなたは殺されるかもしれませんよ。どうしますか。
大江守護霊　そんなねえ、軍隊を使用したりしたら、国民は徴用《ちょうよう》されて殺されるし、他の国民を殺さなきゃいけなくなる。軍隊っていうのは、人殺しのマシーンなんだからね、君。

酒井　中国には、その「殺人マシーン」がたくさんあるではないですか。
大江守護霊　え？
酒井　どんどん軍備を増強していますよ。
大江守護霊　中国は、防衛のためにやっているわけで……。
酒井　防衛のためなら、なぜ、あれほど軍備を増強しなければいけないのですか。
大江守護霊　アメリカがやってきているし、日本や朝鮮半島も……。
酒井　中国の軍事予算は、すでに日本を圧倒《あっとう》的に上回っていますよ。あれが防衛ですか。
大江守護霊　ええ？　いや、あれは、ほんとかどうか分からないじゃない。
酒井　なぜ、本当かどうか分からないのですか。
大江守護霊　アメリカに対抗するために、大きく見せてるだけかもしれないじゃないの。
酒井　まあ、いいです。

7　政府や大企業《きぎょう》に対する不信と敵意

石川　大江健三郎さんのポリシーとしては、やはり、「弱い者や虐《しいた》げられた者を守りたい」というところに動機があるわけでしょうか。
大江守護霊　うん。だから、とにかくねえ、権力者、右翼《うよく》主義者や国粋《こくすい》主義者などの軍国主義者、あるいは、利益で物事を考え、「それを極大化することこそ正しい」と考えるような者たちが、みんな、ほんとは悪魔《あくま》と称《しょう》されるものの正体だと思ってるよ。
石川　ただ、今は、日本の企業《きぎょう》も、円高や、電力料金高、さらに、震災《しんさい》の影響《えいきょう》など、三重苦、四重苦で苦しんでいます。また、韓国《かんこく》の通貨安による韓国企業の攻勢《こうせい》なども あり、かなり苦境に陥《おちい》っている状況《じょうきょう》です。そうした企業に勤めている人も数多くいらっしゃるわけですが……。
大江守護霊　別にいいじゃない。潰《つぶ》れたら、韓国企業に買収してもらえばいい。韓国企業に雇《やと》ってもらって、勤めたらいいだけのことじゃん。
石川　電力が足りなくなると、最初にしわ寄せが行くのは、お年寄りです。
例えば、二〇一〇年には五万人ぐらいが熱中症《ねっちゅうしょう》のために救急車で搬送《はんそう》され、そのうちの千七百人ぐらいが亡《な》くなりましたが、亡くなった方の約八割がお年寄りでした。あるいは、点滴《てんてき》を打っている赤ちゃんとか、そういった方々に、まず、しわ寄せが行くことになります。
大江守護霊　いや、それはねえ、君、完全に騙《だま》されてんのよ。君は、ちょっと知力が足りない。完全に騙されてる。君の東大は偽物《にせもん》なのよ。私の東大は本物だけど、君の東大は偽物なんだよ。
あのねえ、それはねえ、「電力が不足して、それだけの人が倒《たお》れて搬送されているから、原子力がいかに大事か」ということをPRするために、政府が東電と組んでやったのよ。それが原因・結果なんだよ。
石川　いや、この統計は二〇一〇年のものですから、震災後の原発の問題とは全然関係がないと思います。
大江守護霊　え？　二〇一〇年？　関係ないのか。そうか。
酒井　（笑）
大江守護霊　まあ、何でもいいけど。

8 「生《せい》に専心する」という執着《しゅうちゃく》

チベットに対し、「坊《ぼう》さんが政治をやる国は最悪だ」と考えている

石川　それから、例えば、チベットの僧侶《そうりょ》などが焼身《しょうしん》自殺をしていますが、彼らには武器がありませんので、中国に抗議《こうぎ》するには、そういうことをするしかないのです。

大江守護霊　いや、中国のほうが進んでるんだから、チベットなんか、もう吸収されたほうがいいのよ。そうすれば、チベットの人は幸福になれるのよ。坊《ぼう》さんなんかが支配してる国家なんて、いいわけがないじゃない。
石川　そのために、弱い人が犠牲《ぎせい》になっても構わないとおっしゃるのですか。
大江守護霊　君ねえ、坊さんが政治をやるなんて、もう最悪よ。
石川　いや、殺されている人たちについてはどうなのですか。
大江守護霊　ええ？　道鏡《どうきょう》（奈良《なら》時代の僧）の独裁みたいなもんだよな。あんな、「お経《きょう》だけ読んでりゃ、あとは何をやってもいい」みたいなことをやられたら、たまったもんじゃないんだから。その坊さんの独裁専制を防ぐために、科学的合理的な精神で……。
酒井　独裁などしていません。
大江守護霊　民衆を平等に幸福にするのが、中国の……。

酒井　彼らは、「宗教を信じる自由」だけでも与《あた》えてほしいと訴《うった》えているんです。
大江守護霊　信じる必要なんかないじゃないか。現実の生活がよくなれば、それでいいじゃない。
石川　実存主義を立脚点《りっきゃく》の一つにされていると思うのですが、あなたは、「弱い者を守る」と言いつつ……。
大江守護霊　まあ、そうだよ。だから……。
石川　ただ、事実に立脚せずにやっているので、そこが問題だと思うのです。
大江守護霊　だから、お釈迦《しゃか》様は駄目《だめ》だとは言わんけどさあ、二千五百年も前の人が言ったことがいまだに通じると思って、それで商売をしてるやつらが国を治めるなんて、おかしいんだよ。
酒井　それでは、お釈迦様や、ソクラテス様や、イエス様よりも、あなたのほうが知力や認識力が高いわけですか。
大江守護霊　二千五百年たってるんだよ。その二千五百年の間に、どれだけ人類が進歩したと思ってんのよ。それはねえ、もうほんと、足で歩くしかなかった人と、月に行ける人との違《ちが》いぐらいの差が、いろんな世界において起きてるわけだからさ、二千五百年も前の考えで国を治めるなんて、おかしいんです。

守護霊なのに、「人間は死んだら終わり」と主張する大江守護霊

石川　それだけ進化された方なのでしたら、もう少し、緻密《ちみつ》に事実を調べてから議論を展開されたほうがいいと思います。例えば、南京大虐殺《ナンキンだいぎゃくさつ》の問題もそうですし、いわゆる「百人斬《ぎ》り」（日中戦争初期に、日本軍の将校二人が、どちらが早く百人を斬り殺せるかを競争したとされる事件）の問題もそうです。いずれも、現在、反日プロパガンダのための虚構《きょこう》とする説が有力視されていますよ。
大江守護霊　君らの頭は緻密でないから、私の本を読んだって、頭に入らないんだろう？　ええ？　頭の緻密度が違うのよ。

石川　いいえ、内容が現実離《ばな》れしているので、頭に入ってこないだけです。
大江守護霊　私とは頭の緻密度が違うから、読んだって意味が分からないんだよ。大川隆法の本なんて、読んだらすぐ分かる。これはねえ、頭がザッとしてる証拠《しょうこ》なんだよ。私みたいに緻密な頭の人が書いた文章なんて、読んだって分からないんだよ。
酒井　しかし、あなたの本のなかには、グロテスクな話もよく出てきます。それで、素晴《すば》らしい知識人なのですか。
大江守護霊　まあ、それはねえ、君らは、まだ、文学の、何て言うかねえ、奥《おく》の院《いん》に推参していないもんだから、分からないんだよ。
酒井　あなたのグロテスクな作品が、どうしてノーベル賞を取れるのでしょうかね。
大江守護霊　グロテスクっていう表現は分からないねえ。その表現の仕方は分からないね。グロテスクっていうのは、宗教がいろいろと政治とかに口を出すことを言うんじゃないの。

石川　いやいや。あなた（大江氏本人）には障害者のお子様がいらっしゃると思いますが、例えば、あなたの作品のなかには、その障害者のお子様を、父親であるあなたが、「殺したい」という衝動《しょうどう》にかられたりする、そういうむごい場面を描《えが》いたものがありますよね。
大江守護霊　そんなことはないよ。実際は、「そういう障害のある子供に仕事を与えて、世の中で生きていけるようにしよう」という、親の切ない思いを小説に書いたんだな。それで、そういう同じ障害を持ってる人たちに、光を与えてるわけだから、まあ、日本版ヘレン・ケラーであるわけだよ。これは、実にいいことをしているんだ。
酒井　ただ、あなたは、根本《こんぽん》において、「人間は死んだらどうなるか」が分かっていないではないですか。
大江守護霊　それはね……。まあ、宗教がそんなことを教えてるんだろうけど、宗教は、もう学問として駄目なのよ。

酒井　いいえ、駄目かどうかは分かりませんよ。
大江守護霊　もう、二千年前で終わってるのよ。
酒井　では、死んだらどうなるのですか。
大江守護霊「死んだらどうなる」って、死んだら……。
酒井　灰になる？
大江守護霊　死んだら、死ぬんじゃないの？　うん？
酒井　いや、それはそうなんですけど、死んだら灰になるのですか。
大江守護霊　死んだら、死ぬんだよ。
酒井　何もなくなる？
大江守護霊　死んだら終わり。死んだら終わりだからこそ、われわれの思想は、生《せい》というものに、やっぱり……。

酒井　執着《しゅうちゃく》する？
大江守護霊　専心するわけよ。
酒井　生への執着ですね。
大江守護霊　よく生きることが大事なんだ。
酒井　なるほど。
大江守護霊　一年でも、一カ月でも、一日でも、長く生きることが大事だから、反原発運動になってるわけじゃない。
酒井　それは、お釈迦様が一蹴《いっしゅう》された生き方ですよね。
大江守護霊　そうなのかねえ。
酒井　それは原始人の生き方ですよ。
大江守護霊　お釈迦様が現代にいたら、きっと原発に反対されたと思うな、私は。

9 日本には「原罪」があるのか

中国で原発事故が起き、日本に被害《ひがい》が及《およ》んでもしかたがない？

石川 今、中国では、原発をたくさんつくる計画があるのですが、日本は風下《かざしも》になるので、もし、中国で原発事故が起きたら、日本にも被害《ひがい》が及《およ》びます。
大江守護霊 中国はいい。中国はいいんだ。
石川 あなたには、中国でも反原発運動をやっていただきたいと思います。
大江守護霊 いいのよ。中国はいいのよ。
酒井 あなたは、そこが論理的ではないんですよ。東大出《で》なのであれば、もう少し論理的に、中国にも……。

大江守護霊　ええ？　日本は中国人をたくさん殺したんだから、中国が原発事故になって、たとえ、ゴビ砂漠《さばく》の砂と一緒《いっしょ》に放射性物質が飛んできて、日本人が死んだとしても、それはしかたがないのよ。日本は、中国に対しては、もう頭が上がらないんだから、それについてはしょうがないのよ。中国の善意を信じよう。うん。
石川　それは、「私たちの先祖が犯《おか》した罪は、私たち子孫《しそん》が負わなければいけない」ということですか。
大江守護霊　そうそう。ああ、そうだ。だから、ユダヤ人みたいに、君たちは虐殺《ぎゃくさつ》されなきゃいけないんだ。
酒井　中国人や韓国《かんこく》人には、一切《いっさい》、罪はなかったのですか。
大江守護霊　いやあ、彼らには、少なくとも日本人がしたのと同じだけの同害報復をする権利があるわな。
酒井　彼らは、当時、日本人に対して何も悪いことはしなかったのですか。

大江守護霊　ええ？　まあ、少なくとも、攻《せ》め込《こ》んだのが日本であることは分かってるんだから、「泥棒《どろぼう》が家のなかに入って撃《う》ちまくったら、泥棒と家のなかに住んでいた人のどっちが悪かったか」って言っても……。
酒井　あなたは実際に見ていないんだから、分からないですよね。
大江守護霊　家のなかにいた人が、ピストルなり剣《けん》なり木刀《ぼくとう》なりで反撃《はんげき》したとしても、それは正当防衛じゃん。
酒井　日本人は、串刺《くしざ》しにして殺されたりしたんですよ。
大江守護霊　いや、日本人は日本刀で斬《き》りまくっていたんだから……。
酒井　そういうことは、戦争においてはしかたがない状態であるのに、なぜ、日本だけが、悪い部分をすべて掘《ほ》り返されなければならないのですか。
大江守護霊　世界地図を見たら、大きな中国の内陸部まで入り込んでいってるのに、これで「侵略《しんりゃく》でない」と言い切るような、そういう虚言癖《きょげんへき》のある人たちを信じることはできないよね。

毛沢東《もうたくとう》を「人類史の巨人《きょじん》」と称賛《しょうさん》する大江守護霊

酒井　それでは、その尊敬すべき中国のなかで、今、あなたが、いちばん尊敬する人物は誰《だれ》ですか。
大江守護霊　うーん？　「尊敬すべき中国で、いちばん尊敬する人がいるか」って？
酒井　政治家とか。
大江守護霊　うーん、中国はあまりにも広大で、偉大《いだい》で、もう歴史がありすぎて……。
石川　では、なぜ、そんな偉大な国で、天安門《てんあんもん》事件などが起きるのでしょうか。
大江守護霊　ええ？　天安門事件は、西側がでっち上げた事件だよ。現実は、何も証《しょう》拠《こ》が出てこないんだよ。

酒井　毛沢東《もうたくとう》のことは、どう思っていますか。
大江守護霊　毛沢東っていうのは、やっぱり、人類史のなかの巨人《きょじん》なんじゃないかなあ。
酒井　巨人ですか。
大江守護霊　うん。あんな巨人は、日本には生まれたことがないな。
石川　文化大革命では、何十万という数の人を殺していると思いますが。
大江守護霊　いやあ、それはねえ、やっぱり、あんな大きな国を治めて、一元《いちげん》管理するっていうのは、大変なことなんじゃないかなあ。
石川　弱い者のために戦うのが、あなたのライフワークなのではありませんか。
大江守護霊　うーん。いやあ、日本の政府だって、それに似たことをやってるわけですよ。われわれが一生懸命《いっしょうけんめい》に言っていることを聞きもしないで、踏《ふ》み潰《つぶ》そうとしてるわけだから、まあ、一緒なんですよ。うん。

「原発事故での死亡者ゼロは嘘《うそ》かも」と、いぶかる大江守護霊

石川　ただ、「原発を維持《いじ》したほうがいい」という意見もあるわけですから、その人たちも平等に尊重されなければいけないと思います。
大江守護霊　いやあ、「原発を維持したほうがいい」っていう人たちは、本当に頭が悪い人たちだと思うんだよ。
この一年間、マスコミが報道し続けた放射能被害について、ほんとに、読むことも聴《き》くことも、見ることもできず、まったく理解ができないんだよ。
石川　熱中症《ねっちゅうしょう》で死んだ人は二千人近くいますが、放射線の直接の被害で死んだ人はゼロなんですよ。
大江守護霊　それは嘘《うそ》かもしれない。
石川　あなたたちこそ、頭が悪いのではないですか。

大江守護霊　でも、その発表が、もし嘘だったら、あんた、責任取れるか？
石川　嘘だったら責任を取りますよ。
大江守護霊　ほんとは、東電の地下室を開《あ》けてみたら、もう、死んだ作業員がいっぱい死体で並んでるかもしれない。
酒井　それでしたら、南京《ナンキン》大虐殺は嘘なので、あなたは、その責任を取れますか？
大江守護霊　嘘ったって、まあ、数えようがないから、もうどうしようもないじゃないか。現地の人に訊《き》くしかないよ。
酒井　あなたは、実は、知っていてやっているのではありませんか。
大江守護霊　現地の人の言うことを聴くしかないじゃん。だから、東日本大震災《だいしんさい》の被害が幾《いく》らだったかも、数えようがないよ。現実には数えられないけども、東日本の人たちが、「二万人ぐらい死んだ」と言ったら、そう思わざるをえないじゃないの。

石川　いや、少なくとも、放射線の直接被害で死んだ人は、今のところ、まだゼロ人です。
大江守護霊　だけど、これからねえ、十年、二十年、潜伏《せんぷく》して、イタイイタイ病や水俣《みなまた》病みたいなものが、胎児《たいじ》から、こう出てきて……。
石川　まだ現実化してもいないのに、そのように空想でものを言うのはおかしいと思います。
大江守護霊　もう鼻が落ちたりねえ、もう目がとろけたり、いっぱい、変な魚みたいになってくるかもしれないよ。

全世界で日本だけが「原罪」を背負っているのか

石川　あなたは、人間は平等だと思いますか。
大江守護霊　え？　何？

石川　「人間は平等につくられている」と思いますか。フランスのサルトルを学ばれたのであれば、自由や平等という価値観をお持ちだと思うのですけれども……。
大江守護霊　うーん、まあ、それは、いちおう……。
石川　あなたの話を聴いていると、日本人と中国人とでは、人間が平等に捉《とら》えられていないように感じます。
大江守護霊　いや、日本には原罪があるよ。少なくとも、一九〇〇年代の前半に犯した原罪があって、今はまだ二〇〇〇年代の始まりなんだろうから、まだ、百年や二百年だ。ユダヤ人で言やあ、二千年も原罪を背負う……。
酒井　それを言うなら、欧米《おうべい》には原罪はないのですか。
大江守護霊　え？　欧米？　まあ、それはあるかもしらんけど、人類に対する利益も大きかったんじゃないの？
石川　それでしたら、「毛沢東や金正日《キムジョンイル》などにも原罪はある」と思いますが。

酒井　日本は、アジアを解放したわけですから、むしろ、利益をもたらしたのではないですか。
大江守護霊　欧米は、自分たちが発明したもので世界に対して貢献《こうけん》したけど、日本は何も発明してないからね。日本は、もうほんとに、まねをしただけで、何も……。
酒井　日本だって発明はしていますよ。
大江守護霊　まねしてるだけだよ。
酒井　そんなことはないです。
大江守護霊　全部まねだよ。アメリカや……。
石川　中国もまねだと思いますが。
大江守護霊　え？
石川　日本のまねをしていると思います。

大江守護霊　中国は、日本が文明化する前から、大中国として文明が存在するわけだから……。
石川　中国には、日本の商品の海賊《かいぞく》版が山のようにあります。
大江守護霊　ええ？　いや、それは今の話であって、昔は、日本が中国の海賊版をつくってたんだよ。日本では、著作権料もまったく払《はら》わずに中国の古典を学びまくって、それを教えて儲《もう》けてたわけだからね。

中国からの依頼《いらい》（？）を受けて活動している大江氏

酒井　ところで、あなた（大江氏本人）は、最近、中国から何か依頼《いらい》を受けていますよね。
大江守護霊　うん？　それはどういうことかな？
酒井　反原発の運動に対して、何か、お金の援助《えんじょ》などを受けていませんか。

大江守護霊　いやあ、もうねえ、私たちはインターナショナルだからさあ。そらあ、中国からの留学生とか、中国から日本に来ている観光客とか、中国から日本に働きに来ている人とか、いろんな人が運動に参加してくれて、非常に大きな……。
酒井　いろいろ参加してくれていますよね。
大江守護霊　非常に大きなうねりを、今、起こそうとしているんだ。
酒井　大きなうねりを起こそうとしているんですね。
大江守護霊　うん。それはそうだよ。
酒井　その交渉《こうしょう》に当たっては、あなたほどの人と話をするわけですから、中国としても、そうとう優秀《ゆうしゅう》な人を連れてきますよねえ。
大江守護霊　うん。まあ、最近は、丹羽《にわ》さんが中国大使をしておったと思うけど。
酒井　丹羽さんとつながっているのですか。

大江守護霊　中国から見れば、丹羽さんよりも私のほうが、はるかに偉《えら》いだろうからね。あっちは、たぶん、「早くノーベル賞を辞退して、孔子《こうし》平和賞をもらってほしい」と思ってるんじゃないかなあ。
酒井　向こうは、だいたい、どんなことを依頼してくるのですか。
大江守護霊　いや、君ねえ、そんな簡単には言えないよ。そんな簡単には言えないけど……。
酒井　「言えない」ということは、やはり何かあるのですか。
大江守護霊　中国国民の切なる願いを、私が全身で受け止めてるわけなんだよ。
酒井　受け止めている？　その際に、それは無料で引き受けているのでしょうか。
大江守護霊　うーん、まあ、それはそうだな。

日本は大虐殺《だいぎゃくさつ》されたり強制連行されたりして「カルマ」を清算すべきなのか

大江守護霊　とにかく、私は、日本のキリストみたいな存在だから、日本人の原罪を背負って死んでいこうとしてるわけよ。残された余命を、その日本人の原罪を晴らすために使おうと……。
酒井　分かりました。
石川　あなたの言う、その「日本人の原罪」というのは、あなたが背負うことで許されるわけですか。
大江守護霊　え?　何、何、何、何?
石川　あなたの言う原罪は、日本がどういう状態になったら許されるのですか。
大江守護霊　やっぱり、日本は、中国のように大虐殺《だいぎゃくさつ》されたり、朝鮮《ちょうせん》のように強制連行されたりして、ちょっとはカルマ（業《ごう》）を清算しなきゃいけないと思う。それをしないなら、やっぱりねえ、領土を与《あた》えるなり、お金を与えるなりしなきゃいけないよ。だから、従軍慰安婦《じゅうぐんいあんふ》なんかは、今、八十を過ぎたばあさんたちがさあ、十三歳《さい》のときに連れ去られて、日本兵に弄《もてあそ》ばれて、お金ももらってなくて……。
石川　ただ、そうすると、中国や韓国に、またカルマが生まれるのではないですか。
大江守護霊　それはねえ、七十年も前の古い話だから、事実認定ができないのは分かるけど……。
石川　いやいや、待ってください。そういうことをすると、新たなカルマが……。
大江守護霊　そういう弱い者が言っているんだから、それを認めてやって、余ってる金を出してやったら、いいんじゃないの。
石川　あなたの言い方でいくと、中国にもカルマができるのではないですか。
大江守護霊　ええ？　いや、中国には、返してもらう権利があるからね。日本から損害賠償《ばいしょう》をいっぱい取ることができたのに、それをしなかったんだから、その分、こちらから、善意でもって返していかなきゃいけないんじゃないの？
酒井　では、あなたも返しているのですか。
大江守護霊　うん。だから、私も、中国や北朝鮮、韓国に、やっぱり負い目を感じている者として、文化活動を続けておりますよ。

10 「反基地」「反原発」の背後にある勢力とは

「沖縄《おきなわ》での戦いに勝った」と主張する大江守護霊

酒井　沖縄《おきなわ》の基地問題なども、あなたは得意ですよね。
大江守護霊　ああ、沖縄は大事だったね。沖縄は大事。沖縄での戦いに勝てたっていうのは大きかった。うん。

酒井　それは反基地の戦いですか。
大江守護霊　沖縄の戦いが大きかったと思う。
酒井　どの戦いですか。
大江守護霊　ああ、やっぱり、結局ね、今、米帝《べいてい》（アメリカ帝国主義）に洗脳されているからね。
米帝の洗脳を受けると、日帝は、また北朝鮮《きたちょうせん》や中国へ侵略《しんりゃく》に入るからね。そこで、「米帝をちょっと失脚《しっきゃく》せしめよう」として、かなり挫折《ざせつ》させたことは大きかったなあ。
酒井　そうすると、沖縄でも、かなり中国人を招き入れたのですか。
大江守護霊　うん？　いやあ、正義の方々であれば、国籍《こくせき》は問わない。
酒井　国籍は問わないのですね。
大江守護霊　うーん。まあ……。

酒井　沖縄の反基地運動についても、リーダーは、やはり、あなただと考えていいのですか。
大江守護霊　あれは、やっぱり大きかったね。沖縄で勝ったっていうのは。
酒井　勝った？
大江守護霊　ああ、大きかった。
時の政権を代表した人でさえ、沖縄について、私たちの考えに賛同しなきゃ当選できなかったっていうことは……。
酒井　鳩山《はとやま》氏の頭がちょっと悪かっただけではないのですか。
大江守護霊　鳩山さんは頭のいい方ですよ。あれほど理論的で、本当に正しいことを言い続けた方はいらっしゃらない。あれほど純情な方はいないんじゃないかなあ。
酒井　あなたは、鳩山さんと、かなりつながりがあるのですか。
大江守護霊　ええ？　もう心が純粋《じゅんすい》で、ほんと、一切《いっさい》、悪なることを考えてないよ。

酒井　今、民主党とあなたには、どんなつながりがあるのですか。
大江守護霊　うん？
酒井　民主党とは……。
大江守護霊　いや、今の野田さんは嫌《きら》いだよ。
酒井　野田さんは嫌いですか。
大江守護霊　うーん。
酒井　誰《だれ》が好きですか。
大江守護霊　ええ？　いや、まあ、菅《かん》さんにも、よし悪《あ》しは両方あったからね。ちょっと原発事故以降については、ちょっと感心しないよなあ。

民主党の若手のなかに「次の総理」に推《お》したい人がいる？

酒井　次の総理は、誰がいいですか。
大江守護霊　ええ？　「次の総理は誰がいいか」って……。まあ、そりゃあ、政権内部での戦いだろうから、ちょっと分からないけど、少なくとも、「原発をゼロにする」と約束した人を総理にはしたいね。
酒井　だって、そんなに力があるのであれば、あなたは、もう、民主党の党首も決められますよねえ。
大江守護霊　だから、今の政権を倒《たお》そうとしてるじゃない。首相の退陣《たいじん》に向けて圧力をかけるように頼《たの》まれてるから……。
酒井　誰に頼まれているのですか。
大江守護霊　「反原発運動をやって、首相を降ろしてくれ」って。
酒井　それを誰に頼まれているのですか。
大江守護霊　ええ？　それはまあ、いろんな、われらを支援《しえん》してる団体がいっぱいあるからさあ。
酒井　それは、どこですか。日本の団体ですか。
大江守護霊　それは、自治労《じちろう》から始まって、そういう労働者を守る団体がいっぱいあるからさあ。
酒井　この反原発運動は、やはり、自治労がメインなのですか。
大江守護霊　いやあ、自治労だけじゃないけど、民主党のもともとの基盤《きばん》は、そういう何？　労働者階級の人たちが基盤であることは間違《まちが》いないよな。
酒井　それがメインなんですね。それで、彼らは、「民主党のなかで誰を推《お》したい」と言っているのですか。
大江守護霊　うーん。いやあ、それはだから、自分らの意見をいちばんよくきいてくれる人を、今、物色《ぶっしょく》しているんだと思うから……。
酒井　まだ、分からないわけですね。

大江守護霊　いろんな人が、いろいろなことを言ってるからね。
酒井　うーん。
大江守護霊　民主党も、政権に就《つ》いたら、ちょっと自民党化してきたんでねえ。だから、油断ならないのよ。豹変《ひょうへん》するからさあ。本気かどうか分かんないし。
酒井　そうですね。
大江守護霊　あの仙谷由人《せんごくよしと》なんかも、「ちゃんと左翼《さよく》の活動をしてくれるもんだ」と信じてたのに、原発推進みたいなことをちょっと言ったり……。
酒井　輿石《こしいし》氏なんかは、どうですか。
大江守護霊　え？
酒井　輿石氏とか。
大江守護霊　ああ、もう、さすがに、ちょっと年を取ってるかな。首相に推すには、さすがにちょっと魅力《みりょく》が足りないかもしれないけど、まあ、若手のなかには、われわれの考えをきいてくれる人はいるだろうし……。
酒井　そういう人がいるんですね。
大江守護霊　うーん。たぶんなあ。

今、「革命」で国を倒《たお》せる寸前まで来ているのか

酒井　これから選挙になりそうですが、あなたはどうしますか。
大江守護霊　だから、何を主張するかだわな。代表選がもうすぐ近づいてるからな。「九月に野田が再選されるかどうか」と、あちらの谷垣《たにがき》か? 「自民党の谷垣が再選されるかどうか」だが、もし再選されなかったら、解散密約も流れるんだろう? だから、まだ、解散になって選挙になるかどうかは分からないけども、「今、選挙をしたら、大阪維新《おおさかいしん》の会みたいなのが勝つんじゃないか」とか、マスコミは煽《あお》ってるよな。
まあ、事実は分からんけども、今のまま、今国会で谷垣が押《お》し切れなければ、谷垣

は再選されないだろうし、それで、この密約が流れれば解散しなくてもいいから、野田がのさばって、そのままやる可能性はある。
酒井　それは嫌ですか。
大江守護霊　それで、今、私たちは原発反対運動で、野田倒《たお》しをやってるわけだよ。これを全国的にやって、署名運動をして、民主党攻撃《こうげき》をして、要するに、「内部で引きずり下ろすようにしよう」と、今、考えてるのよ。
酒井　自民党のなかには、原発賛成の人もかなりいますよね。
大江守護霊　いやあ、でも、選挙になったら分からないね。われわれの勢力が大きなうねりになり、もう何百万のうねりになっていって、昔の安保闘争《あんぽとうそう》みたいになる寸前まで、今回は来てたわけだからね。「安保闘争以来だ」と言われてるわけだから、革命で国が倒されそうになる寸前まで来てるんだよ。
酒井　昔の安保闘争がかたちを変えて成功する段階に、今、来ているわけですか。

大江守護霊　もしかしたら、行ける可能性はあると思う。今、ちょうどいいところに、アフリカのイスラム圏《けん》からずーっと民衆運動の流れが起きてきて、独裁が……。
酒井　「あじさい革命」というのは、誰が名付けたのですか。
大江守護霊　ええ？　いや、それはまあ、自然と付いたんだ。ちょうどいい時期に起きてるから、それに乗っかって、自然発生的にやるのがいいんだよ。とにかく、ああいうものはね。

「反原発運動でノーベル平和賞をもらいたい」という本心

酒井　あなたは、この夏の暑さで、そうとうバテているのではありませんか。それとも、まだいけますか。
大江守護霊　いやあ、バテてるよ。ほんとに暑いからね。
酒井　本当はもう嫌《いや》なのではないですか。
大江守護霊　やっぱり野外《やがい》はきついわ。野外はきついよ。ほんとにきついと思うなあ。

「キリストは、私みたいな心境だったんだなあ」ということを、つくづく感じるな。
石川　あなたの発言からは、聖人願望のようなものを感じるのですが。
大江守護霊　え？
石川　「聖人として崇《あが》められたい」という願望を感じるのですけれども。
大江守護霊　私は最初から聖人ですよ。私はいつも十字架《じゅうじか》を背負って生きてますからね。
石川　例えば、「この反原発運動で、ノーベル平和賞をもらえるのではないか」と考えていたりしますか。
大江守護霊　当ったり前ですよ。考えてますよ。
酒井　それを狙《ねら》っているわけですね。
大江守護霊　ああ。今、「ノーベル平和賞」と中国の「孔子《こうし》平和賞」を両方もらった人っていうのはいないだろうから、この両方を取れたら、世界から注目されるだろうね。世界に誇《ほこ》るべき日本人になるだろう。

「日本解放の父」として、中国や韓国《かんこく》から熱狂《ねっきょう》して迎《むか》えられたい

酒井　ところで、あなたは、「ハニートラップ」を知っていますか。
大江守護霊　君ぃ、私みたいな文学者に対して何ていうことを……。
酒井　いやいや、ご存じかどうかを訊《き》いているだけです。
大江守護霊　そんなねえ、三文《さんもん》小説みたいな質問を私にぶつけてくるなんて、ノーベル文学賞作家に対して、何だ。
酒井　あなたの作品は誰も読んでいないから分かりませんよ。
大江守護霊　誰も読んでないって……、いやいや、「本当にいいもの」っていうのは読まれないいんだって！　だから、君らの〝汚染《おせん》物質〟が満載《まんさい》の本は売れるんだよ。

酒井　話をそらさないでください。「ハニートラップをご存じですか」と訊いているのです。
大江守護霊　だから、君は、なんでそういうことを……。
酒井　中国で、そういう方々と食事をしたりしていませんか。
大江守護霊　私のこの風貌《ふうぼう》を見なさいよ。神様が人間になったような風貌をしているだろう。
酒井　あなたの場合、ちょっとオシャレなので、危険かなと思ったのです。あなたにすり寄ってくる人がいるのではないですか。
大江守護霊　「君とは違うんだ」って言ってるのが分からんかなあ。
酒井　そうですか。では、心配ないわけですね。
大江守護霊　あのねえ、いくら中国でもねえ……。私に対して〝従軍《じゅうぐん》慰安婦《いあんふ》〟をつけるっていうわけ？

酒井　そうです。
大江守護霊　君ねえ、アホなことを言うんじゃないよ。
酒井　そういうことはないわけですね。
大江守護霊　「中国人民解放軍の女性兵士がスカートをはいて化《ば》けて、私をトラップにかける」っていうわけ？
酒井　「トラップをかけるまでもない」ということですね。
大江守護霊　君にはＳＦ作家か推理小説家の才能があるかもしれないけどさ。
酒井　ＳＦではないと思うのですが（苦笑）。
大江守護霊　その発想は面白《おもしろ》いけどね。大江健三郎に中国人民解放軍の女性兵士がハニートラップをかける。うん、ちょっと面白い。それ、ショートショートで書けるな。
酒井　人民解放軍かどうかは分かりませんけれどもね。

大江守護霊　短編小説としては、ちょっと面白いと思うな。
酒井　分かりました。とにかく、あなたは中国と深い関係にあるわけですね。
大江守護霊　「深い関係にある」というか、思想というのは共鳴《きょうめい》し合うものだからね。
酒井　共鳴しているわけですね。
大江守護霊　ああ。共鳴し合うからねえ。
酒井　名誉心《めいよしん》をくすぐられますか。
大江守護霊　中国から、「日本解放の父」として崇められたらうれしいだろうなあ。
酒井　そういうかたちで名前を遺《のこ》したいのですか。
大江守護霊　うん。中国からも韓国《かんこく》からも、熱狂《ねっきょう》して迎《むか》えられたい。そういう姿をちょっと想像するなあ。日本人は、韓国に行っても、普通《ふつう》はいろいろとやられる。日本の首相が韓国の大統領に送った親書《しんしょ》も、送り返されたそうじゃないか。

だけど、大江健三郎が韓国や中国に行ったら、（拍手をする）ウワーッと熱狂して迎えられたいなあ。

「反原発運動」に、中国や北朝鮮《きたちょうせん》からの声援《せいえん》が聞こえてくる

酒井　あなたの周りには自治労以外に、中国人系の活動家が、あなたを信じてかなり集まってきていますよね。
大江守護霊　ああ？　それは、君、別にＤＮＡ鑑定《かんてい》をしてるわけじゃないから、日本語をしゃべっていたら、誰が中国人なんだか分からないよ。
酒井　ただ、実際に、中国から来ている人たちもいるんですよね。
大江守護霊　ええ？　何十万人、何百万人の規模のデモをしてたら、ちょっとは入ってるだろうよ。
酒井　あなたは、中国の人たちに、それだけ信奉《しんぽう》されているわけでしょう？
大江守護霊　少なくとも、彼らは洗脳されてるわけじゃなくて……。

酒井　「洗脳」ではなく、「信奉」です。
大江守護霊　私の思想があって、彼らがそれを支持してるだけであって、彼らとは直接の関係はない。
酒井　彼らから、かなり支持を受けているでしょう?
大江守護霊　いや、違う違う。順序が違う。逆だよ。私の思想が先にあって、それを彼らが支持しているだけであってね。
酒井　今、あなたの思想を信じて、中国から大勢の人が来ているわけですよね。沖縄の基地問題でも、彼らの力が、かなり功を奏しましたよね。
大江守護霊　沖縄はかなり成功したね。だから、私と、中国や北朝鮮《きたちょうせん》との魂《たましい》の響《ひび》き合いっていうのが……。
酒井　響き合っていたのですか。

大江守護霊　ああ。平和を求める鐘《かね》同士が共鳴してたね。
酒井　反原発運動については、今、響き合いは出ていますか。
大江守護霊　かなり大きくなってるんじゃないの？　日本のマスコミをかなり占拠《せんきょ》してるからね。
酒井　いや、日本人ではなくて、反原発運動における中国の方々との響き合いです。
大江守護霊　「頑張れ、頑張れ」っていう声援《せいえん》は感じるよ。
酒井　来ているのですね。
大江守護霊　うーん。感じる、感じる、感じる。
酒井　北朝鮮などからも声援は来ているのですか。
大江守護霊　北朝鮮にはあんまり力がないので、そう大したことはないけれども、在日の人たちが一部いるから、「日本が原発をなくしてくれたら、北朝鮮の国防上、非常にありがたい」という声は聞こえてるな。
酒井　なるほど。

11　大江氏が尊敬する人物

ガンジーやキング牧師に憧《あこが》れている

酒井　今、あなたがよく話をする人や、夢でよく見る人はいますか。
大江守護霊　市民運動家とたくさん会ってるからねえ。
酒井　では、すでに亡《な》くなった方で、あなたが憧《あこが》れている人や、「アドバイスが欲《ほ》しいな」と思う人はいますか。
大江守護霊　私が憧れるような人がこの世にいるとは思えないけれども、あえて最近の人で言えば、やっぱり、それは、ガンジーみたいな人かな。

酒井　ガンジーですか。丸山眞男《まるやままさお》さんとかはいかがですか。
大江守護霊　丸山眞男は政治学のほうだから、ちょっと……。彼は別の理論を持ってやっていたからね。
酒井　あなたとは少し違《ちが》うのですか。
大江守護霊　私は文学者だから、多少、違いはあると思うな。彼は文学者ではないのでね。政治理論で物事を考えているんだろうから、お互《たが》いに全部理解してるとは思えないよねえ。
酒井　あなたが「アイデアをもらいたい」と思うような人はいますか。
大江守護霊　私のような文豪《ぶんごう》に対して、「アイデアを与《あた》える」というのは、もはや無理なんじゃないかねえ。まあ、川端《かわばた》先生（川端康成《やすなり》）はノーベル文学賞を取った先輩《せんぱい》ではあるけれども……。
酒井　川端先生とは会いますか。

大江守護霊　ええ？　いやいや、彼は私のような行動家ではなくて、ただの作家ですから。
酒井　最近、川端先生にお会いになったことはありませんか。
大江守護霊　彼はただの作家です。私は行動する作家ですのでね。
酒井　作家のなかで、どなたか親近感が湧《わ》く人はいますか。
大江守護霊　うーん。作家で親近感が湧く人ねえ。今、私ほどの人物は、世界にほとんどいないからね。世界の最高峰《さいこうほう》を極《きわ》める私が、親近感を感じるような者がいるかなあ。
でも、あえて言うとしたら、やっぱり、文学の力で世論《せろん》を盛り上げて、国民的運動をつくっていくような人は好きだな。
酒井　大正時代か明治時代の文学者で、そういう人がいましたね。

大江守護霊　まあ、プロレタリア作家みたいなのはいたかもしれないけど、それは大したことがないからね。
酒井　あなたより下ですか。
大江守護霊　下かどうかって、そんなことは分からないけど、大した運動ではなかっただろうと思うからね。
今、私がちょっと意識してるとしたら、ガンジーやキング牧師のような、そんなイメージかな。

「夢」のなかでサルトルからアドバイスを受けているのか

武田　過去の人で、あなたのところに訪ねてきた人はいませんか。
大江守護霊　君、変なことを言うなあ。ええ？　大丈夫《だいじょうぶ》か。
武田　大丈夫です。
大江守護霊　近くに精神病院はあるかい？

武田　亡くなっているはずの人が、あなたを訪ねてきたりしませんか。
大江守護霊　亡くなった人が、なんで……。君、変なことを言わないでくれ。
酒井　夢の世界のことでも結構です。
大江守護霊　なんでそんなことを……。私を精神分析《ぶんせき》にかけようとしてんの？
酒井　そうです。夢の世界についての精神分析です。
大江守護霊　「精神分析にかけようとしてる」ってか。
酒井　夢の世界でよく交流するのは、どのような人ですか。
大江守護霊　君らは、私を夢分析にかけようとしていて、「私の夢を分析し、私の潜《せん》在《ざい》意識を探《さぐ》り、本心を当てよう」という魂胆《こんたん》なわけね。
酒井　まあ、そういうことです。

大江守護霊　今、君らは、「ハニートラップ」ではなくて、「心理学トラップ」をかけようとしてるわけね。それを言わせて、私を罠《わな》にかけようと考えてるわけだ。
酒井　いいえ、罠にはかけません。「あなたのおっしゃりたいことが、どのような人の思想と同じなのか」ということを調べるだけです。
嘘《うそ》はいけませんよ。実際に夢でよく見る人を教えてください。
大江守護霊　「サルトルぐらいの影響力《えいきょうりょく》は与えたい」とは思ってるけどな。
酒井　それはあなたの願望ですよね。サルトルさんと話をしているのですか。
大江守護霊　うーん。夢に見るかと言えば、見ることはあるなあ。
酒井　サルトルさんは、夢によく出てくるのですか。
大江守護霊　え？　だって、私は仏文科《ふつぶん》だからね。それは夢に見ることはあるけどもねえ。
酒井　サルトルさんは夢のなかで、あなたに何と言っていますか。

大江守護霊　やっぱり、「参加が大事だ」ということを言ってるなあ。アンガージュマン（知識人や芸術家等が社会運動に参加すること）かなあ。「文学者は、市民が参加する運動の旗手《きしゅ》になれたら、最高の名誉《めいよ》を手にしたのと同じだ」というようなことを、今、言ってるよ。
酒井　それはよく言われるのですか。
大江守護霊　うん。言ってるよ。夢のなかで言っているような気がするな。

ガンジーやキング牧師、トルストイとの決定的な違《ちが》い

石川　あなたは、ガンジーやキング牧師のような人を目指しているのかもしれませんが、彼らとは決定的に違《ちが》うところがあります。
大江守護霊　そうかなあ。
石川　彼らは、身の危険を顧《かえり》みずに、自分の主張を貫《つらぬ》いていました。

大江守護霊　君ねえ、私も高齢《こうれい》でありながら、危険を顧みずに、暑い暑い野外《やがい》で演説したんだよ。
石川　あなたは、日本という絶対安全な所にいて、しかも、今は、「原発反対」という世論の支持を得られる側にいるわけです。そのように、あなたは、多数派のほうに立ち、安全な所から、自分の言いたいことを言っているだけのように見えます。
大江守護霊　大川隆法さんが、私の年になってだねえ、暑い七月に二十万人の集会で、平和運動の講演ができるかどうか、まだ見てないから分からないよ。
石川　もしも、あなたが、ダライ・ラマのような人や人権活動家などを命懸《いのちが》けで守ったならば、多少は近づけるかもしれませんが。
大江守護霊　ダライ・ラマか。
石川　今、フィリピンやベトナムなども、中国からの侵略《しんりゃく》の危機を感じているわけですが、あなたは、逆に、そういう強い側に立って、弱い者をいじめているように見えますよ。
大江守護霊　私は、基本的に「政治は悪だ」と思ってるから、よく分からないんだけどね。よくは分からないんだけども、とにかく、「大江文学で中国を救いたいなあ」と思ってはいるがな。
私の作品が、中国語で多くの人に読まれ、中国の人たちが、「日本にも、こんなに良心的な人がいたのか」と見直してくれることによって、日本の原罪が拭《ぬぐ》われるような感じはするな。
石川　それは、「村山富市《むらやまとみいち》氏のような『謝罪外交』をやる」ということですか。
大江守護霊　村山富市は政治家か。村山富市と比較《ひかく》されても、私は立場が違うので、ちょっと分からんけどもね。
石川　言いたいことは、多少、共通するのではないですか。
大江守護霊　いや、私は政治家じゃないからね。

何にたとえるのがいちばん合ってるのかな。わしは、もしかしたら、「日本のトルストイ」かな。
石川　トルストイは平等に平和を訴《うった》えたのです。あなたは日本でしか反戦運動をしていないではないですか。あなたが中国や北朝鮮《きたちょうせん》などに行って反戦運動をしたならば、トルストイに多少近づけるかもしれませんけれども。
大江守護霊　君ね、外国に行ってそれをやったら内政干渉《かんしょう》でしょう。
石川　しかし、トルストイは世界に対して訴えたわけです。
大江守護霊　まあ、ロシアは大国だからね。それは権利があるわ。
石川　例えば、トルストイは、『戦争と平和』で、フランスとロシアの戦いを描《えが》き、普遍《ふへん》的なものを目指したのです。
大江守護霊　トルストイは、ナポレオンみたいな独裁専制君主に対して、文学でもって、ペンでもって、批判をし、戦ったんだ。

北朝鮮《きたちょうせん》は核《かく》兵器で韓国《かんこく》を脅《おど》してお金を取ればいい？

石川　それならば、あなたには、北朝鮮《きたちょうせん》の独裁体制を、ぜひ批判していただきたいと思います。また、中国もほぼ独裁体制です。
大江守護霊　いやあ、うーん……。
石川　あなたは、「民主主義の旗手《きしゅ》」と言いつつ、そうした専制体制や共産主義体制に対して何も言いません。それは、「フェアではない」と思うのですが。
大江守護霊　彼らは経済的に苦しんでたけど、それは日本の原罪があってのことで、その後は、やっぱり、国防のために軍事予算を使わなきゃいけないために、経済が疲《ひ》弊《へい》していることは分かる。だから、今、日本には金が大量に余ってるんだから、どんどんあげたらいいわけで……。
石川　今、中国のＧＤＰは世界第二位になっています。

大江守護霊　でも、中国は人口が多いからねえ。だから、まだまだだよ。
石川　北朝鮮のように、お金をあげても、それが軍事兵器に化けたりすることもありますよね。
大江守護霊　あんなのは、少なくとも、韓国《かんこく》が北朝鮮を助けてやればいいわけですよ。韓国はお金が儲《もう》かってるんだからさ。それで、韓国は日本から搾取《さくしゅ》すればいいわけですよ。
酒井　しかし、韓国は核《かく》を持っていなくて、北朝鮮は持っていますから、韓国はやられる一方になりますよ。
大江守護霊　だから、北朝鮮は、核兵器で脅《おど》せば、韓国から金を取れるでしょうから、それで豊かになるでしょう。
酒井　そうすればいいわけですか。
大江守護霊　そうしたら、南北の格差が是正《ぜせい》されるでしょうからね。

酒井　それはオーケーなのですか。
大江守護霊　もう時間の問題で、もうすぐ彼らは、平和な未来を手にすることできるだろう。だから、北朝鮮の核兵器が実用化されて、世界が認めるところまで行ったら、韓国は、当然、撃《う》ってほしくないから、経済交流を活発化させて、貢《みつ》ぎ物をいっぱい持ってくるだろう。それで、北の飢《う》えてる人たちは、今は苦しいけど、やがて助かって、「将軍様の言ってるとおりだった」と言うことになるんだ。
「核開発を進めたら、やっぱり、南のほうがちゃんと資金援助《えんじょ》をしてくれて、助かった」ということでね。

12　民主主義と天皇制は相容《あいい》れないのか

大江氏が日本を毛嫌《けぎら》いする理由とは

石川　あなたは、日本の文化勲章《くんしょう》を辞退されましたが、そこまで日本を毛嫌《けぎら》いする理由は何なのでしょうか。
大江守護霊　文化勲章ってさ、なんか右翼《うよく》っぽい感じがしない？　なんかそんな感じが……。
酒井　「文化勲章は右翼っぽい」とか、あなたは全然論理的ではないですね。
大江守護霊　ええ？　そんなのをもらうとさ、天皇陛下に頭を下げなきゃいけないような感じがするじゃない。

酒井　天皇陛下に頭を下げたくないんですね。
大江守護霊　園遊会とか、そんなのに呼ばれてさ、こう、頭を下げなきゃいけないような感じがするじゃないの。「このたびは、君、叙勲《じょくん》おめでとう」なんて言われるかと思うと、もう反吐《へど》が出そうな気がするからさ。
酒井　それなら、あなたは日本から出ていったらいいではないですか。もう日本国籍《こくせき》は要《い》らないですよ。日本人をやめたらいい。
大江守護霊　うーん？　いや、私はね、コスモポリタンですよ。私は世界人です。
石川　コスモポリタンだったら、中国や北朝鮮《きたちょうせん》にも平和を訴《うった》えていただきたいです。
酒井　もう、中国に国籍を移したらいいですよ。
大江守護霊　うーん、中国語はなあ、それほど……。私はフランス文学をやったから、中国語はそれほど得意じゃないの。
酒井　言葉の問題ではないのです。まず、日本国籍をなくしたほうがいいですよ。あなたは日の丸も嫌いでしょう?
大江守護霊　しかしね、今、君は、いみじくも、私が多数派の支持を受けてやってると言ったけど、日本の多数派の支持を受けてやってるっていうことは、私は、「日本の良識の象徴《しょうちょう》でもある」ということだよ。
酒井　でも、あなたは日本が嫌いなんでしょう?
大江守護霊　いや、日本の暗黒部分が嫌いなんだよ。それだけのことだ。日本の暗黒部分を取り除いたらいいいんだよ。だから、魚でも腐《くさ》ってたら、寿司《すし》には握《にぎ》れないから、その魚の腐った部分を取らなきゃいけない。
酒井　そうすると、愛国心などは暗黒部分ですか。
大江守護霊　うーん。まあ、基本的に八割は暗黒性があるな。
酒井　「国を愛する」ということは悪いことなのですか。
大江守護霊　ええ?　それは利用されることがあるからなんだよ。「本当に純粋《じゅんすい》かどうか」っていうところが問題なんだよ。
酒井　あなたは国を愛していますか。
大江守護霊　うーん？
酒井　日本を愛していますか。
大江守護霊　その「国を愛する」っていうことがねえ、「天皇制の国家を愛する」っていうかね、そういう古臭《ふるくさ》くて、かび臭いものだったら、私はお断りしたいな。
酒井　現代の民主主義のなかにおける天皇制については、どうですか。
大江守護霊　民主主義はね、天皇制とは、基本的に相容《あいい》れないものですよ。
酒井　相容れないのですか。
大江守護霊　あんなものは相容れないのよ。だから、天皇制は、先の大戦が終わった段階で終了《しゅうりょう》しなきゃいけなかったんだ。マッカーサーが、ちょっとねえ、あれほど軟《なん》弱《じゃく》であったことに対して、私は……。

日本の「独裁者予備軍」を潰《つぶ》すための運動をしている

酒井　あなたの頭は、ちょっと今、〝化石〟になっているようですが、では、「民主主義のなかにおける善」というのは何だと考えていますか。
大江守護霊　民主主義のなかの善というのは、専制君主をギロチンにかけて首をはねることですよ。
酒井　そんなものが善なのですか。
大江守護霊　独裁者を許さないことです。だから、今、アラブから始まった民衆革命は、独裁者をみんな次々に倒《たお》していってるわけで、今、日本の独裁者を探しているんですよ。誰《だれ》が日本の独裁者であるかを探しているんです。
武田　日本には独裁者はいないのではないですか。
大江守護霊　ええ？　だから、日本の独裁者を、今、一生懸命《いっしょうけんめい》に探してるのよ。

武田　いや、いないんですよ！
大江守護霊　ここがねえ、ほんとね、日本はヒドラ（ギリシャ神話の怪物《かいぶつ》で、九つの頭を持つ大蛇《だいじゃ》）みたいな国家で、（本物の）頭がどれなのか、よく分からない国家なので、独裁者の首をはねたいのに、（本物の首が）どこにいるんだかよく分からない国ではあるんですよ、確かにね。
酒井　それでは、どうしたらいいのですか。
大江守護霊　しかたがないので、そういう素質のある人、独裁者的要素が出てきそうなやつを、とにかく封《ふう》じ込《こ》めなきゃいけないんだよ。あの安倍《あべ》（安倍晋三《しんぞう》元首相）みたいなやつや、麻生《あそう》（麻生太郎《たろう》元首相）みたいなやつは片付けられたし、それから、「沖縄《おきなわ》に米国の軍事基地化を進めたい」とか言ってるやつや、「核《かく》兵器を推進したい」とか言ってるやつがいたら、これは独裁者予備軍であるから、こういうのをデモとかで潰《つぶ》していくことが大事だね。

酒井　もし、それが多数の意見ではなかったらどうしますか。
大江守護霊　え？　多数の意見って何？
酒井　民主主義では多数の意見が重視されますよね。
大江守護霊　うん。まあ、でも……。
酒井　それが多数の意見ではなかったらどうするのですか。
大江守護霊「多数の意見じゃなかったら」って、どういうこと？　何が？
酒井　あなたの意見がです。
大江守護霊　私の意見は多数に決まってるじゃん。
酒井　なぜ決まっているのですか。それだと、あなたこそ独裁者ではないですか。
大江守護霊　私は日本の精神的リーダーなんだよ。

酒井　あなたは、そうやって言論を……。
大江守護霊　だから、丸山君《まるやまくん》（丸山眞男《まさお》）とか、あんなのが、若いころに政治運動をやって失敗したんであってね……。
酒井　そもそも、あなたは人の話を聞いていませんよね。
大江守護霊　私みたいに、文学者として、ちゃーんとした名声を確立してから政治運動をすればよかったんだよ。
酒井　あなたは、訳の分からない小説を書いて、それをほとんど誰も読んでいないんですから、たぶん埋《う》もれてしまいますよ。
大江守護霊　だいたいね、あんな〝核汚染《おせん》〟された大川隆法の本に、コーナーなんかつくるっていうこと自体がね、もう反民主主義的で、独裁的なんだよ。
酒井　そのように、「相手の言論を読まない。聞かない」というのは、もうほとんど独裁者への道ですよ。

大江守護霊　いやあ、これは、もうほんとにねえ、日本の再軍備化、再軍事化の砦《とりで》なんじゃないですか、この幸福の科学っていうのは。ええ？

13　「信教の自由」をどう考えるか

宗教には「言論の自由」は認められないのか

酒井　あなたは、マルクス思想が大好きですよね。
大江守護霊　別に大好きじゃないけども、戦後の日本を解放する力にはなったのは、まあ、間違《まちが》いないよね。うん。
酒井　共産主義については、どうですか。
大江守護霊　まあ、共鳴《きょうめい》するものはあったね。毛沢東《もうたくとう》の時代の共産主義には、共鳴するものがすごくあったな。やっぱり、平等っていうのはいいよな。
酒井　では、資本主義については、どうですか。
大江守護霊　え？　資本主義は、定義によるから、ちょっとよく分からないけども、もしウォール街みたいな所であぶく銭《ぜに》を稼《かせ》ぐことを資本主義っていうのなら、そんなに賛成じゃないな。そういう意味では、オバマ君なんかに近いよな。
酒井　言論の自由や信教の自由については、どうですか。
大江守護霊　まあ、言論の自由はあってもいいけど、特に、作家の「ペンの自由」を守ってくれることがいちばん大事だな。うんうん。
宗教団体は、政教分離《ぶんり》じゃないけど、言論の自由と、宗教との分離はしたほうがいいな。
酒井　なぜ、宗教団体が発する言論と分離しなくてはいけないのですか。
大江守護霊　宗教はねえ、やっぱり麻薬《まやく》なんだよ。なんか、人を惑《まど》わす力があるからね。
酒井　宗教にだって言論の自由はあるはずです。
大江守護霊　違うんだよ。そのなかには人に対する汚染《おせん》物質が入ってるんだよ。私は、その汚染物質に対して、非常に……。
酒井　では、宗教には言論の自由がないのですか。
大江守護霊　私は非常にねえ、反発を感じるのよ。だからねえ、君らの先生はだね、君らを洗脳して本を読ませてる。作家だって、みんなそれをやりたいよ。洗脳をかけて、自分の本の信者にして、本を売りたいけど、そこまではできないでいるんだ。良心の咎《とが》めを感じるから、そこで止《と》めているのよ。
酒井　要するに、あなたは、「宗教家には言論の自由がない」と考えているのですか。
大江守護霊　宗教家は、洗脳の自由を持ってるからさあ。それに言論の自由まで与《あた》えたら大変なことになる。

酒井　「洗脳の自由を持っている」って、あなた……。まあ、私たちは、そういう言論の自由も認めますけどね。
大江守護霊　さらにねえ、宗教マネーという税金のかからないお金でもって出版活動をやってねえ、どんどん押《お》し込《こ》んでいくっていうのは……。
酒井　そういう言論を、あなたが言うのは自由なのに、なぜ宗教が言うのは自由ではないのですか。
大江守護霊　だから、君らの意見は、そうとう割り引かなきゃいけないわけよ。
酒井　では、どうしてあなたの意見は割り引いてはいけないのですか。
大江守護霊　ええ？　当ったり前だよ。私は個人でやってるんですから。
個人でノーベル賞を取るところまで行くっていうのは、どれほど難しいか。それはもう、一千万人に一人の難しさだよ。
酒井　宗教の信者が、個人であなたを批判したらどうしますか。

大江守護霊　宗教はね、とにかく、「これは素晴《すば》らしい」と言ったらね、何でも読むのよ。もう猫《ねこ》も杓子《しゃくし》も、みんな。
酒井　いや、本当に素晴らしいから読んでいるのであって、素晴らしくないものは読まないですよ。
大江守護霊　違う違う。あなたがたみたいな人が洗脳するんで、それで読むんだ。
酒井　あなたの本に洗脳されている人もいるのでしょうが、私には、何を言っているのかが分からなくて読めません。
大江守護霊　私の本は、そんなに部数は売れないけどさ。それはねえ、君らみたいな悪徳洗脳をしてないから売れないだけであってねえ……。
酒井　あなたは、幸福の科学に対して、どう思っているのですか。
大江守護霊　金儲《かねもう》けがうますぎるわな。

酒井　金儲けの団体だと思っているのですか。
大江守護霊　金儲けと洗脳だな。だから、これは新興宗教の代表じゃん。金儲けと洗脳ね。それで、自分らを神様と……。

「私は日本のルソーだ」と言い張る大江守護霊

酒井　あなたは、先ほど、自分のことを「イエス様みたいなものだ」と言っていましたが、そうすると……。
大江守護霊　イエスは貧しかったよねえ。
酒井　あなたの言論も宗教なのではありませんか。
大江守護霊　イエスは出版もしてないよねえ。
酒井　あなたの言論も宗教ではないのですか。
大江守護霊　ええ？　そこまで行ったら、もう企業《きぎょう》だよな。

酒井　ちょっと待ってください。あなたの論理から言えば、あなたの言論も宗教ということになるでしょう?
大江守護霊　なんでかな?　宗教と言うなら、私は、まあ、アニミズムだから。
酒井　それなら、あなたの言論にだって、洗脳が入っているではないですか。
大江守護霊　いや、私は日本のルソーなんだよ、君。
酒井　あなたの言論が宗教なんだったら、あなたにだって洗脳が入っていますよね。
大江守護霊　だから、「自然に帰れ」と言っているわけで、「縄文《じょうもん》・弥生《やよい》の時代に帰りましょう」と言ってるわけだよ。
酒井　あなたの論理から言えば、それだって洗脳でしょう?
大江守護霊　ええ?　いや、洗脳じゃなくて、日本古来の宗教かもしらんけどね、ごく自然の世界に帰ろうとしているわけ。私は日本のルソーなんだ。

酒井　しょうがないですね。もう、不毛な議論なので、そろそろ……。
大江守護霊　やはり君たちでは無理か。君たちの教養では、私を論破するのは無理だな。

世間《せけん》の反応を見て言うことを変える大江氏

石川　ちなみに、以前、地球温暖化が大きく叫《さけ》ばれていたときに、「原発をたくさんつくればいい」という議論があったと思います。
大江守護霊　ああ、そのときは、そう思うわな。
石川　そのときは、そう思ったのですか。
大江守護霊　まあ、いちおう、そう思うわなあ。
石川　要するに、あなたは、「世論《よろん》の反応を見て、言うことを変える」ということなのでしょうか。

酒井　まあ、そういうことですね。
大江守護霊　いや、そうじゃなくて、やっぱりね、喫緊《きっきん》の大事を重視してるっていうだけのことであってね。緊急、急ぎのことを重視してるだけのことで、地球温暖化は、もうちょっと時間がかかる問題だけど、原発事故なんて、即時《そくじ》に大勢の人が死ぬじゃないか。
酒井　でも、地球温暖化だって、あなたがたの意見では、緊急の問題のはずですよ。
大江守護霊　いや、それは何十年もかかる。例えば、氷河《ひょうが》が融《と》けるのに、ちょっと時間がかかるからさあ。
酒井　あなたがたの意見では、もう、「すぐにも融ける」という話でしたよ。
大江守護霊　だけど、放射能は一発だからね。
君ね、この前の福島原発の処理で、もし、もう一手狂《くる》っていたら、東京人は、もう全滅《ぜんめつ》……。

酒井　要するに、あなたは人気があるところに行こうとしているだけでしょう。
石川　あなたが、「鳩山由紀夫《はとやまゆきお》氏は頭がいい」と言った時点で、もう、あなたについていく人が、これから減っていくのではないでしょうか。
酒井　アメリカ人から見れば、鳩山由紀夫氏は「クルクルパー（loopy《ルーピー》）」ということだったわけですから。
石川　首相に就任して一年ほどたって、やっと、「抑止力《よくしりょく》が大事だということが分かった」と言っているぐらいなので、この頭の悪さは、もう驚愕《きょうがく》的です。
酒井　そのクルクルパーを見抜《みぬ》けないということは、あなたも頭がそうとう……。
大江守護霊　君ねえ、首相をした人に対して、そういう差別用語を使うっていうのは、ちょっと……。
酒井　アメリカ人は、そう言っているんですから。

大江守護霊　鳩山家っていうのは、日本においてはだねえ、唯一《ゆいいつ》の秀才《しゅうさい》の家系なんだからな。
酒井　それでは、あなたと鳩山さんは、ほぼ同じ考えということですね。
大江守護霊　文学部と工学部だから、考えは違いますよ。一緒《いっしょ》じゃありません。
酒井　でも、親和性があるわけですね。
大江守護霊　文学は言葉を細かくやるけど、彼らは理屈《りくつ》のほうだから。
酒井　まあ、分かりました。

14 幸福の科学に嫉妬《しっと》し、名誉《めいよ》に執着《しゅうちゃく》する大江守護霊

「神は死んだ」という言葉を、〝素晴《すば》らしい発明〟と見る

酒井　残念ながら、あなたは、われわれを論破することができませんでした。今日はお帰りください。ありがとうございました。
大江守護霊　何だ、これ？　結局、何だったわけ？
酒井　あなたは、今、反原発の法案を通そうとしているでしょう？　その基本法をつくろうとしているでしょう？
大江守護霊　だから、君らは私に〝ハニートラップ〟をかけようとしたけど、失敗しただけなんだろう？

酒井　違《ちが》う、違う。あなたは、われわれを説得できなかった。あなたの本が分かりづらいように、あなたの言っていることも、チンプンカンプンだったわけです。
大江守護霊　私は文学者だから、ほんとは政治をやりたくはないんだけど、私のネームバリューをもって、その反原発の法案を通す。私は、その国民運動の象徴《しょうちょう》になればいい。
石川　あなたは、確か、中学時代に、いじめを受けて転校していますし、お子様は障害を持って生まれました。あなたのお話からは、「大勢の人の称賛《しょうさん》を浴びることによって、自分の心のえぐれた部分を満たしたい」という、英雄《えいゆう》願望のようなものを非常に強く感じました。
酒井　ニーチェ的ルサンチマン（怨恨《えんこん》）ですか。
石川　そうですね。
大江守護霊　ニーチェは極右だろうから、私と同じじゃない。彼は、傑出《けっしゅつ》した、美しい文を書くから、文学者としてのニーチェには、ある程度、認められるところはあるけど、極右の方《かた》であるから、思想は認められない。
ただ、「神は死んだ」っていう言葉については、「素晴《すば》らしい発明だなあ」と思う。
酒井　素晴らしい発明？
大江守護霊　「よく言い切った。すごいなあ」とは思うよ。
石川　しかし、幸福実現党は頑張《がんば》っています。また、石原慎太郎《いしはらしんたろう》氏の尖閣《せんかく》諸島購入《こうにゅう》計画には寄付金がたくさん集まっていますし、大阪維新《いしん》の会は、「憲法改正をしたほうがいいのではないか」と考えています。あなたの思うとおりには日本は動かないと思いますよ。
大江守護霊　だから、警戒《けいかい》すべきは、やはり、幸福の科学と幸福実現党だな。このへんを警戒しないといけない。これには、「〝ナチス〟になる可能性がある」と思っている。だから、幸福の科学に対しては、今、新潮《しんちょう》社も慎重に取り組んでるわけですよ。

酒井　いや、言動を見ているかぎり、あなたのほうが〝ナチス〟になりますよ。
大江守護霊　なぜ私が〝ナチス〟なの？
酒井　あなたや、あなたの同士のなかから、そういう面が出てきますよ。
大江守護霊　ああ、そうか。ヒトラーも劣等感《れっとうかん》を持ってたからね。「貧乏《びんぼう》画家で能力がないので、エリートに嫉妬《しっと》した」っていうわけだ。だけど、私は、もともとエリートだからさ、別に嫉妬はしてない。
酒井　ただ、あなたは巧《たく》みに他の言論を封殺《ふうさつ》していきますからね。

「本が売れないことの苦しみ」を訴《うった》える大江守護霊

大江守護霊　だけど、この年になったら、「本が売れないことの苦しみ」ってのはあるよ。
酒井　やはり、苦しいのですか。

大江守護霊　ああ。苦しい。
武田　作品を出せませんものね。
大江守護霊　俺《おれ》の全集なんか、全然、売れやしねえ。君らの本ばかり売れてるじゃないか。ええ？
武田　作品の内容などが時代ともかけ離《はな》れていると思うのです。だから、読まれないんですよ。
大江守護霊　そんなことはない。君らは騙《だま》すのがうまいんだよ。
石川　いや、あなたがノーベル文学賞を取ったときにも、たぶん、若い人には、「この人、誰《だれ》？」という感じだったと思います。
大江守護霊　君、きついことを言うなあ。
石川　いや、本当にそうです。

酒井　それはそうですよ。
石川　私は東大生でしたが、あなたの名前を知りませんでした。
大江守護霊　東京大学っていうところは、もはや三流校に落ちたんだ。私のころには一流で……。
酒井　いやいや、東京大学の問題ではなくて、あなたの問題です。
石川　あなたの本が売れていなかったから、知らなかったのです。
大江守護霊　とにかく、大川隆法という人は、きっと丸山眞男《まるやままさお》や大江健三郎に嫉妬してるんだよ。嫉妬して、あとを追いかけてきてるんだ。
酒井　いや、嫉妬していません。だって、あなたの本は合計で何冊売れましたか。
大江守護霊　ええ？　君、きついことを訊《き》くなあ。それは、出版社に問い合わせて、全部を足し上げないと分からないけど……。あれだけ有名な丸山眞男でさえ、「最高傑作の『戦中と戦後の間』であっても、よくて数十万部かな」と言われている。

酒井　その程度の人たちに大川総裁が嫉妬すると思いますか。
大江守護霊　通常、作家の本は初版を数千部ぐらいしか刷ってもらえないんだよ。君らのところは、やってることが気違いじみてるんだ。
酒井　いや、ニーズがあるのです。
大江守護霊　だから、君らは、下手《へた》をしたら、ほんとにナチス並みの言論統制をやってしまうかもしれない。いや、「焚書坑儒《ふんしょこうじゅ》」の再来《さいらい》かもね。
酒井　あなたの言論を認めているぐらいですから、私たちには寛容《かんよう》性があります。
大江守護霊　いや、認めてないんじゃないの。私の本を会員に「読め」って勧《すす》めてないだろう、全然。ちゃんと勧めなさいよ。
酒井　幸福の科学は、別に、民族によって差別していません。しかし、あなたは民族によって差別しています。

大江守護霊　大川隆法の本を読むんだったら、解毒剤《げどくざい》として大江健三郎の本を読めば、中和される。
酒井　あなたは、「日本民族は劣等民族だ」と思っているでしょう?
大江守護霊　そう思ってるよ。
酒井　それではナチスと変わらないではないですか。
大江守護霊　いや、「劣等」って、それは最近のことじゃなくて、百年、二百年の話だから。
酒井　しかし、そう思っているのは確かでしょう?
大江守護霊　うん。
石川　大川総裁は、例えば、香港《ホンコン》に行き、民主化を訴《うった》えてこられました。それはナチスとはまったく逆です。ガンジーやキング牧師に近いのは、むしろ大川総裁のほうであり、あなたは、その逆なんです。

大江守護霊　うーん。そうかな。
石川　自分の身を顧《かえり》みずに正論を言われているのは大川総裁です。
大江守護霊　確かに、「神を信じている」とか、「宗教家だ」とかいう点では、そうかもしれない。私は宗教家じゃないからね。
石川　ガンジーもキング牧師も神を信じていました。
大江守護霊　まあ、そうだけど、私は、暗殺されたくはないから、そんな立場には立たない。
石川　その時点で、もう、あなたはガンジーやキング牧師のようにはなれません。「信仰《しんこう》」の意味がよく分からず、「宗教」を拘束《こうそく》と捉《とら》えている
酒井　要するに、あなたに信仰心《しんこうしん》はないのですか。
大江守護霊　私には、「信仰」の意味が、どうしても、よく分からないんだ。

酒井　キリスト教は信仰していませんか。
大江守護霊　キリスト教文学も少しは読んだことがあるけど、あれは基本的には教会が食べていくためのものなんだろうと思う。
酒井　では、宗教は金儲《かねもう》けですか。
大江守護霊　まあ、それは文化の一部ではあるよ。文化の一部としては、消しがたいものだろうとは思うけど、基本的には、やっぱり、ありもしないことを、あるように言っている。
正直に言えば、キリスト教だって……。こう言ったら、向こうの人は、がっかりするだろうけど、『聖書』に書いてある、「イエスが起こした奇跡《きせき》」は、まともな神経の人には、やっぱり、信じられないよな。「水をワインに変えた」とか、「死んだけど生き返った」とか、「目の見えない人が見えるようになった」とか……。
酒井　信じられない？

大江守護霊　でも、小説家だったら、あんなのは書ける。私だって、「書こう」と思えば、あのくらいのことはいくらでも書けるからね。
酒井　それは、あなたのレベルまで『聖書』を引き落としているわけですね。
大江守護霊　ええ？　あんなもの、書こうと思えば書けるもの。嘘《うそ》であっても、それを活字にしてしまったら、読者は信じちゃうよ。それは、小説家がみんな経験してることだから。
酒井　では、実際に奇跡が起こっていることを、どう思われますか。
大江守護霊　司馬遼太郎《しばりょうたろう》君だって言ってるだろう？　「自分が創作した物語であっても、『史実だ』と思ってドラマ化される」とかね。
酒井　では、あなたが書いた、その〝イエス様の本〟は、いったい何部売れますか。なぜ、埋《う》もれるものと、大きく広がるものとが出てくるのですか。

大江守護霊　まあ、七千部ぐらいかな。
酒井　そうでしょう。それで世界宗教になれますか。
大江守護霊　ならない。ただ、私には良心があり、洗脳によって広げようとしないからね。そういう意欲を持ってない。
酒井　いや、洗脳で、あれだけ多くの人が信じますか。その見方はおかしいですよ。
大江守護霊　私は、自発的な組織はいいと思うんだよ。だけど、拘束《こうそく》する組織は悪いと思ってるわけよ。宗教は、拘束する組織だからさ。
酒井　いや、全然、拘束していません。それよりも、「思想は何によって広がるか」ということを、もう一度、考えたほうがいいですよ。
大江守護霊　いや、あなたがたこそ、聴《き》いておけ。大川隆法って人は、まだ、そんなに年じゃないけど、もしかしたら、最後は痴呆症《ちほうしょう》になって、ボケ老人になるかもしれない。そのときに、「神の声が下りてきた」と言って信者に集団自殺を勧めたら、ほんとに君らは日本海に飛び込《こ》んだりして死ぬのか。それは恐《おそ》ろしいことだわ。
酒井　それはないですから。
大江守護霊　ええ？
酒井　あなたは信仰というものを持っていないんですよ。人間を単なる「機能」だと思っているんです。要するに、「死んでも、あの世はない」と思っている人は、「人間は、機能が壊《こわ》れたら、ボケて死ぬ」と思っているだけなんです。
大江守護霊　うーん。まあ、よく分からない。宗教については、とにかく、文化の一部であることは認めるし、古来から存在することも認めるけれども、現代においては、あまり大きな力を持つべきではない。要するに、個人の個性を殺すから、よくないと思う。

かたくなに「死後の世界」を信じようとしない大江守護霊

酒井　ただ、助言しておきたいのですが、あなたのような方は、たいてい、地獄《じごく》という世界に行くのです。
大江守護霊　ふーん。私も助言しておきたいけど、「大川隆法の書籍《しょせき》のコーナーは一種の核《かく》物質で、放射線を出してる」っていうことだけは知っといたほうがいい。
酒井　それは、もう何回も聞いたから結構です。
大江守護霊　私の本を積み上げなくてはいけないのであって……。
酒井　あなたは、死ぬと……。
大江守護霊　せっかくデモを一生懸命《いっしょうけんめい》にやってるんだから、大江健三郎のコーナーをつくり、私の本をワーッと積み上げなくてはいけない。
たまにはデモでもしないと、本が売れないんだ。これが分からないのか。ちゃんと聴け！
酒井　死後の世界があることだけは信じておいてください。
大江守護霊　ああ？　死後の世界？　そんなものは誰が信じるんだ。

石川　要は、あなたにとっては、この世の命がいちばん大事で……。
大江守護霊　ええ？　私は忘れられてるから、ときどきテレビに出て、デモを主催《しゅさい》してるように見せたほうが、新潮社とかが助かるわけよ。
武田　それは売名行為《こうい》です。〝最後の花火〟を打ち上げたいわけですよね。
大江守護霊　うーん。

「死後の幸福」や「お金」より「名誉《めいよ》」を選ぶ

酒井　あなたは、「死後の幸福」と「名誉《めいよ》」と「お金」のうち、何を取りますか。
大江守護霊　そんなの、大川隆法は、みな欲《ほ》しいんじゃないのか。執着《しゅうちゃく》の塊《かたまり》ですよ。
酒井　「その三つのうち、一つを選べ」と言われたら、あなたは何が欲しいですか。
大江守護霊　え？　何、何、何、何……。

酒井　死後の幸福。名誉。お金。
大江守護霊　死後の幸福なんて、そんなもの、あるわけないじゃないか。何を言ってるの。バカなことを言うな。
酒井　「そのうち、ただ一つを取れ」と言われたら……。
大江守護霊　死後の幸福、死後の幸福って言うけど、死後なんて、あるわけない。死後を認めてない人に、死後の幸福と言って、どうするんだよ。
酒井　「ただ一つ取れ」と言われたら、何を取りますか。
大江守護霊　あとは何だ？
酒井　名誉とお金。
大江守護霊　名誉とお金？　名誉とお金……。名誉かな。
酒井　名誉は欲しい？

大江守護霊　うん。名誉だな。
酒井　分かりました。
では、今日は、これで終わらせていただきます。ありがとうございます。
大江守護霊　何だか、すっきりしないなあ。
酒井　（苦笑）
大川隆法　（合掌《がっしょう》し、一回、手を叩《たた》く）

15 「大江健三郎守護霊の霊言《れいげん》」を終えて

「霊《れい》」としての認識がなく、本人と完全に密着している大江守護霊
大川隆法　丸山眞男《まるやままさお》やフロイトなどは、こちらがいくら言っても聞き入れませんでし

たが、この人も、それと同じタイプですね。

酒井　そうですね。

大川隆法　大江氏の文学には宗教的な表現等も出てきますが、あの世を比喩《ひゆ》のレベルぐらいにしか思っていないし、この守護霊自身がまだ自分を霊《れい》だと分かっていない状《じょう》況《きょう》です。ただ、憑依《ひょうい》霊ではなく、本人の守護霊のようでした。

しかし、本人と自己同一視している点では、先日招霊《しょうれい》した、次期中国首相の李克強《りこくきょう》氏の守護霊とよく似ています（『李克強　次期中国首相　本心インタビュー』〔幸福実現党刊〕参照）。

李克強守護霊も、自分が霊であることを理解しておらず、「本人の潜在《せんざい》意識を超能《ちょうのう》力《りょく》によってリーディングされているのだ」と考えていましたし、「中国では、超能力は認めるが、霊界《れいかい》は認めていないのだ」という立場でした。「大川隆法は、李克強の心の奥底《おくそこ》を、超能力者として読んでいるのだ」と理解していました。

大江氏の守護霊も、「精神作用の一部として、自分は存在している」と思っているようです。こんな人がいるんですね。

ただ、以前に招霊した、朝日新聞社社長（箱島信一《はこしましんいち》元社長）の守護霊も、こういう感じであり、自分を霊だと認識していなくて、本人と完璧《かんぺき》に一体化し、離《はな》れていませんでした。不思議ですが、こういうあり方があるわけです。

やはり、その人の思想が、そのようなあり方を呼ぶのでしょうか。あの世を否定すれば、あの世に居場所がないから、地上の本人に完全に密着するしかないのでしょうか。ここは分かりかねる部分ではあります。

このたぐいの人は、宗教家があの世で説得に来ても、すごい名誉心《めいよしん》と自信を持っているので、聞く耳を持ちません。

同じくノーベル賞作家であっても、川端康成《かわばたやすなり》のほうは、あの世を信じていたと思いますが、あの世で川端康成が来ても、この大江守護霊は、「大衆を煽動《せんどう》できる力があるから、俺《おれ》の方が上だ」と思うでしょうし、三島由紀夫《みしまゆきお》が来ても、彼に対して、「ノーベル賞を取り損《そこ》ねて、かわいそうに」と言うぐらいのことでしょう。

この人の場合、最後に望むのは名誉でしょうか。

酒井　そうですね。名誉ですね。
大川隆法　それと、いちおう当会を意識してはいました。私の著書がよく売れているのは、この人にとっては、けしからんことであるわけですね。出版社の意向も伝わっているのかもしれませんが。
酒井　この人は、死ぬまで名誉を追うでしょうね。
大川隆法　今、この人の本を買う人は、ほとんどいないでしょう。もう過去の人なのです。だから、名前だけでも知られたくて、こういう運動をしているのでしょう。
酒井　そうですね。

大江健三郎氏は〝消えていくロウソク〟にすぎない

大川隆法　これで、反核《はんかく》・脱《だつ》原発運動のリーダーを務めている人の霊的な位置づけが分かりましたが、幸福の科学的に言えば、「無明《むみょう》のなかを生きている」と言わざるをえません。

無明とは、「真理が全然分かっていない」ということです。目の鱗《うろこ》が取れておらず、霊になっても、まだ、「三次元の世界に生きている」と思っているレベルなので、「霊《れい》格《かく》は低い」と言わざるをえないのです。

まあ、〝消えていくロウソク〟でしょうか。

酒井　そうですね。

大川隆法　そう思って、あまり気にしないほうがよいのかもしれません。

ただ、この本（本書）が出ることによって、多少、反核・脱原発の流れには影響《えいきょう》が出るかもしれません。

酒井　はい。この人の主張は、ほとんど分かりませんから。

大川隆法　首相と交渉《こうしょう》した運動家や活動家も、みな、「身の安全」のことしか言っていません。それ以外のことは何も理解していませんでした。

だから、彼らは、ある意味でのエゴイストなのですが、「自分は生命主義者であり、人々の平和や幸福、安全のために、愛に満ちた生き方をしている」という自己理解をしているのです。

このへんの「格差」は大きくて、一転生《いちてんしょう》で分かるようなものではなく、何転生も勉強しなければ、実は追いつかないものなのかもしれません。そのため、どうしても話が通じないわけです。

このレベルの人がジャーナリストには大勢いるので、やはり、思想戦で教えを広げていく以外に方法はないと思います。

こういう人は私たちとは〝別の次元〟に存在しているだろうと思います。

ジャーナリストたちは、「大川隆法よりも大江健三郎のほうが、はるかに有名で偉《えら》い人だ」と捉《とら》えるでしょうし、大江氏のほうが報道価値もあるのでしょう。

ただ、真実は頑固《がんこ》なものですから、いずれ戦いが起きてくるでしょう。

今日は、脱原発運動について、一つの論点と思われるものを潰《つぶ》しました。

酒井　はい。ありがとうございました。

あとがき

だいたい守護霊《しゅごれい》が、自分自身が霊界に住んでいる霊であることを自覚していないのが、唯物論者《ゆいぶつろんじゃ》、唯脳論者《ゆいのうろんじゃ》、共産主義的人間の特徴《とくちょう》である。

あわれというしかない。守護霊の存在は、西洋的学問の祖ともいうべきソクラテスの思想を理解する上でも必須《ひっす》である。守護霊（神）ダイモンの声に忠実に生きたため、ソクラテスは古代ギリシアの神々を軽んじ、青年を惑わした罪によって「死刑」を命じられ、毒杯をあおいで、従容《しょうよう》として死んでいったのである。

どちらが「真理」に対して忠実であるかどうか、それは、いずれ歴史が証明するだろう。私が続々と「霊言《れいげん》」を出し続けているのは、現代のインテリたちに「無知《むち》の知《ち》」を教えるためでもある。どのように反発されようとも、マスコミがどちらを味方しようとも、「正しいものは正しい。」のである。

二〇一二年　八月二十八日

幸福《こうふく》の科学《かがく》グループ創始者兼総裁《そうししゃけんそうさい》　大川隆法《おおかわりゅうほう》

『大江健三郎に「脱原発」の核心を問う』大川隆法著作関連書籍
『中国「秘密軍事基地」の遠隔透視』（幸福の科学出版刊）
『「週刊新潮」に巣くう悪魔の研究』（同右）
『李克強　次期中国首相　本心インタビュー』（幸福実現党刊）

大江健三郎《おおえけんざぶろう》に「脱原発《だつげんぱつ》」の核心《かくしん》を問《と》う
――守護霊インタビュー――

2012年9月17日　初版第1刷

著　者　大川隆法《おおかわりゅうほう》

発行所　幸福の科学出版株式会社
〒107-0052 東京都港区赤坂2丁目10番14号
TEL(03)5573-7700
http://www.irhpress.co.jp/

印刷・製本　株式会社 堀内印刷所

落丁・乱丁本はおとりかえいたします

ISBN978-4-86395-239-3 C0030
Photo: ロイター/アフロ

大川隆法ベストセラーズ・政治の混迷を打破する

公開霊言
天才軍略家・源義経なら
現代日本の政治をどう見るか

先の見えない政局、続出する国防危機……。現代日本の危機を、天才軍事戦略家はどう見るのか？　また、源義経の転生も明らかに。
【幸福実現党刊】

1,400円

佐久間象山
弱腰日本に檄を飛ばす

国防、財政再建の方法、日本が大発展する思想とは。明治維新の指導者・佐久間象山が、窮地の日本を大逆転させる秘策を語る！
【幸福実現党刊】

1,400円

カミソリ後藤田、
日本の危機管理を叱る
後藤田正晴の霊言

韓国に挑発され、中国に脅され、世界からは見下される――。民主党政権の弱腰外交を、危機管理のエキスパートが一喝する。
【幸福実現党刊】

1,400円

※表示価格は本体価格（税別）です。

大川隆法ベストセラーズ・神秘の扉が開く

神秘の法

次元の壁を超えて

2012年10月6日
ロードショー

この世とあの世を貫く秘密を解き明かし、あなたに限界突破の力を与える書。この真実を知ったとき、底知れぬパワーが湧いてくる！

1,800円

公式ガイドブック①
映画「神秘の法」が明かす近未来シナリオ

［監修］大川隆法

この世界は目に見える世界だけではない。映画「神秘の法」に込めた願いが熱く語られる、近未来予言映画第2弾の公式ガイドブック。

1,000円

入会のご案内

あなたも、幸福の科学に集い、ほんとうの幸福を見つけてみませんか？

幸福の科学では、大川隆法総裁が説く仏法真理をもとに、「どうすれば幸福になれるのか、また、他の人を幸福にできるのか」を学び、実践しています。

入会

大川隆法総裁の教えを学ぼうとする方なら、どなたでも入会できます。入会された方には、『入会版「正心法語」』が授与されます。（入会の奉納は1,000円目安です）

ネットでも**入会**できます。詳しくは、下記URLへ。

三帰《さんき》誓願《せいがん》

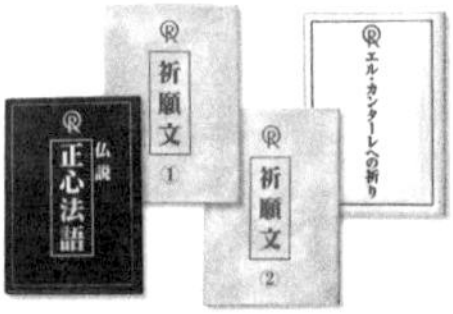

仏弟子としてさらに信仰を深めたい方は、仏・法・僧の三宝への帰依を誓う「三帰誓願式」を受けることができます。三帰誓願者には、『仏説・正心法語』『祈願文①』『祈願文②』『エル・カンターレへの祈り』が授与されます。

植福《しょくふく》の会

植福は、ユートピア建設のために、自分の富を差し出す尊い布施の行為です。布施の機会として、毎月1口1,000円からお申込みいただける、「植福の会」がございます。

「植福の会」に参加された方のうちご希望の方には、幸福の科学の小冊子（毎月1回）をお送りいたします。詳しくは、下記の電話番号までお問い合わせください。

月刊「幸福の科学」

ザ・伝道

ヤング・ブッダ

ヘルメス・エンゼルズ

INFORMATION	**幸福の科学サービスセンター** **TEL. 03-5793-1727**（受付時間 火〜金：10〜20時／土・日：10〜18時） 宗教法人 幸福の科学 公式サイト **http://www.happy-science.jp/**